お揃いで作りたい

猫おざぶ
犬おざぶ

かぎ針で編む

ワンコとにゃんこのおざぶや小物

日本文芸社

CONTENTS

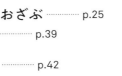

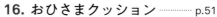

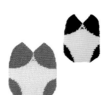

本書では、猫や犬と飼い主さんがお揃いで一緒に楽しめる、かぎ針で作るアイテムを紹介しています。

= ペット用　　 = 人間用または一緒に使える

※ペット用は主に、猫または小型犬を想定したサイズです。
※糸の情報は 2023 年 12 月現在のものです。

01. ティピー風ペットベッド

側面が三角形になるように編んだ編み地をテント型に仕立てます。
フラッグは好きな位置に取りつけられ、
外せば猫じゃらしにもなります。

How to make → **6** ページ
Design：高際有希

02. レッグウォーマー

ティピーのフラッグとお揃いの色で作るレッグウォーマー。
太めの糸で編むのでふんわり柔らかなつけ心地です。

How to make → **9** ページ
Design：高際有希

5

01. ティピー風ペットベッド

Photo → 4 ページ

● 材料
ハマナカ ジャンボニー オフホワイト（1）700g
ハマナカ わんぱくデニス グレー（34）20g、ブルー（63）12g、イエロー（43）10g
木製丸棒（直径1.2cm、長さ65cm）4本
トグルボタン（40mm、二つ穴）2個

● 道具
かぎ針7mm
かぎ針6/0号
とじ針
木工用ボンド

● ゲージ
テント：細編み10目5.5段＝10cm
フラッグ：くさり編み16.5目＝10cm、
中長編み16目8.5段＝10cm

● 編み方
1.
テント本体を編む。糸はオフホワイト（1）、
かぎ針7mmを使い、くさり編み8目を輪
にして編み図通りに10段編んだら糸を切
る。正面に糸をつけ、往復編みで編み図
通りに33段まで編む。そのまま続けて
入口の部分に2段の縁編みをする。
2.
底を編む。糸はオフホワイト（1）、かぎ針
7mmを使い、わの作り目で編み図通りに
編む。
3.
1と2を巻きかがりでかがり合わせる。横
面、背面は角を除いた33目、前面は角の
横2目を巻きかがる。四隅はかがらず、棒
を差し込めるようにしておく。
4.
丸棒を四隅に差し込む。指定の位置にボ
ンドをつけ、毛糸でしばって固定する。11
段めと22段めで丸棒とテントを結んで固
定する。指定の位置にボタンとループをつ
ける〈図1〉。
5.
フラッグを編む。1枚は糸をブルー（63）
とグレー（34）の2本取りにして、かぎ針
6/0号を使い、鎖編みを10作って1目め
に引き抜いて輪にする。そのまま配色通り
に糸をつけ、2本取りでフラッグを5枚編
む。もう1枚はイエロー（43）とグレー（34）
の2本取りで編む〈図2〉。

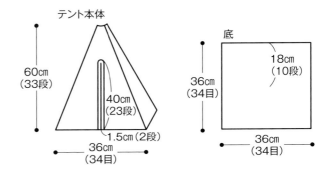

テント本体

60cm
（33段）

40cm
（23段）

1.5cm（2段）

36cm
（34目）

底

18cm
（10段）

36cm
（34目）

36cm
（34目）

〈図1〉

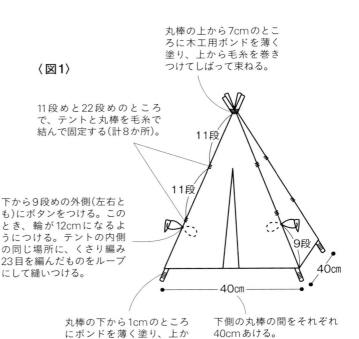

丸棒の上から7cmのところ
に木工用ボンドを薄く
塗り、上から毛糸を巻き
つけてしばって束ねる。

11段めと22段めのところ
で、テントと丸棒を毛糸で
結んで固定する（計8か所）。

11段

11段

下から9段めの外側（左右と
も）にボタンをつける。この
とき、輪が12cmになるよ
うにつける。テントの内側
の同じ場所に、くさり編み
23目を編んだものをループ
にして縫いつける。

9段

40cm

40cm

丸棒の下から1cmのところ
にボンドを薄く塗り、上か
ら糸を巻きつけてテントか
ら抜けないようにする。

下側の丸棒の間をそれぞれ
40cmあける。

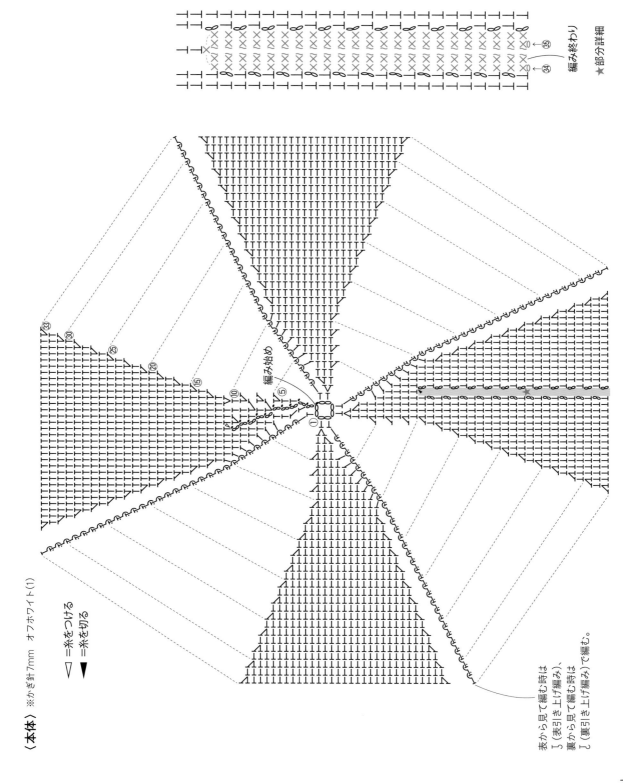

〈本体〉※かぎ針7mm　オフホワイト(1)

▷ =糸をつける
▼ =糸を切る

編み始め

編み終わり
★部分詳細

表から見て編む時は
S（表引き上げ編み）、
裏から見て編む時は
Z（裏引き上げ編み）で編む。

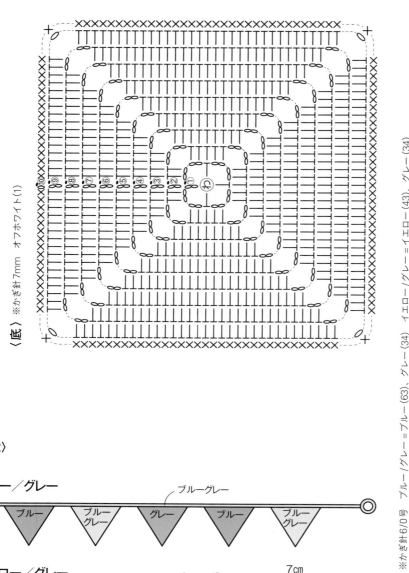

〈底〉 ※かぎ針7mm オフホワイト(1)

〈図2〉

ブルー／グレー

ブルーグレー

| ブルー | ブルー グレー | グレー | ブルー | ブルー グレー |

イエロー／グレー

イエローグレー

| イエロー グレー | グレー | イエロー | イエロー グレー | グレー |

7cm
←(11目)→

7cm(6段)

← 60cm →

● フラッグの使い方
上の丸棒にフラッグの輪をひっかけ、反対側を下の丸棒にひっかけるか、床に貼る
などして固定する。フラッグを丸棒からはずし、市販の猫じゃらし用棒に結んで、猫
じゃらしとして使ってもよい。

〈フラッグ〉 ◁ =糸をつける ※かぎ針6/0号 ブルー/グレー=ブルー(63)、グレー(34) イエロー/グレー=イエロー(43)、グレー(34)

15目

6目

6目

6目

6目

6目

100目

6目

編み始め(くさり編み10目)

02. レッグウォーマー

Photo → 5 ページ

● 材料
ハマナカ わんぱくデニス グレー（34）130g、
ブルー（63）80g、イエロー（43）80g

● 道具
かぎ針7mm
とじ針

● ゲージ
中長編み 13目 12.5段＝10cm

● 編み方　※糸はすべて2本取り

1.
糸はブルー（64）を2本取りで、
作り目のくさり編みを38目編み、
1目めに引き抜いて輪にする。

2.
編み図通り糸色を変えながら43
段編む。4段めから40段めまでは
往復編みで編む。

3.
もう片方はイエロー（43）の2本
取りで編み始め、同じように色を
変えながら編む。

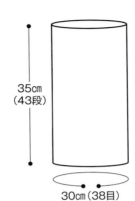

35cm
（43段）

30cm（38目）

― ：ブルー（イエロー）同色2本取り　　― ：ブルー（イエロー）とグレー2本取り
― ：グレー2本取り

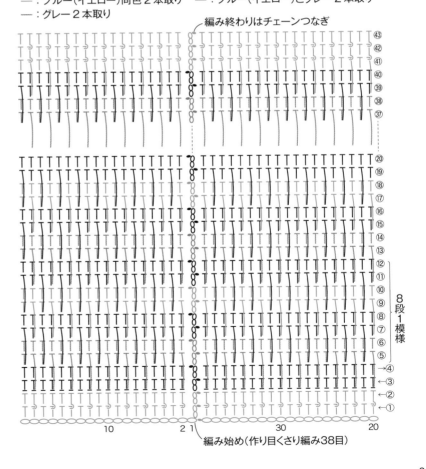

編み終わりはチェーンつなぎ

8段1模様

編み始め（作り目くさり編み38目）

9

03. 切り株のペットベッド

猫ちゃん、ワンちゃんがほっこりおさまる切り株型。
ウレタンマット入りでしっかりした作りです。

How to make → 12 ページ
Design：Miya

04. 切り株のフロアクッション

ペットとお揃いで使えるフロアクッション。
太い糸でザクザク、グルグル編んでいくので
編み物初心者さんにもおすすめ。

How to make → 15 ページ
Design：Miya

05. 背もたれつきの
ペットベッド

猫ちゃん、ワンちゃんが自然に顔をのせるまあるい背もたれ。
細長く編んだ編み地を横に二つ折りにして、
座面にかがりつけています。

How to make → 17 ページ
Design：Miya

06. ポケットつき
フロアクッション

ペットベッドとお揃いの色で編むフロアクッション。
リモコンやスマートフォンが入れられる
側面のポケットがアクセントになっています。

How to make → 19 ページ
Design：Miya

03. 切り株のペットベット

Photo → 10 ページ

● 材料
ハマナカ ボニー こげ茶（419）290g、茶（480）290g、ベージュ（614）280g
ウレタンマット（幅22cm×長さ120cm×厚さ2cm）　1枚
ハマナカ ネオクリーンわたわた　60g

● 道具
かぎ針 8mm
とじ針

● ゲージ
細編み 10目 10段＝10cm

● 編み方
※糸はすべて2本取り。A色：こげ茶（419）×茶（480）、B色：ベージュ（614）の2本取り

1.
A色で本体外側を、B色で本体内側を編む。それぞれわの作り目に細編み7目を編み入れ、増し目をしながら最終段まで編む。外側は編み終わりの糸を3m残してカットする。

2.
ウレタンマットを11×119cmと11×111cmにカットする。

3.
1で編んだ本体外側に2を2重にして入れ〈図1〉、本体内側の編み地を本体外側と外表にして重ねる。外側の編み終わりで残しておいた糸で、外側の36段めの頭目と内側の26段めの頭目を拾って巻きかがりで縫い合わせる〈図2〉。

4.
根を3枚編む。糸はA色で、わの作り目に細編み6目を編み入れ、増し目をしながら最終段まで編む。中にわたを入れ、編み終わりで残しておいた糸で巻きかがりで本体にかがりつける。

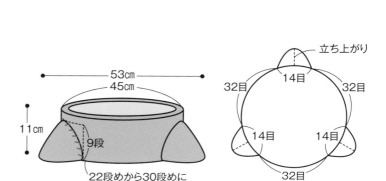

〈真下から見た図〉

〈図1〉

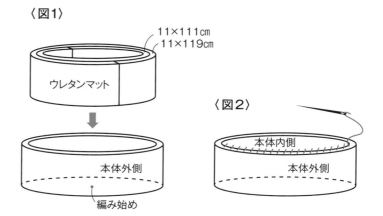

〈図2〉

12

段数	目数	増減
36	114	
35	120	−6
34	126	
33	132	
22～32	138	増減なし
21	138	
20	132	
19	126	
18	120	
17	114	+6
16	108	
15	102	
14	96	
13	90	

段数	目数	増減
12	84	
11	77	
10	70	
9	63	
8	56	
7	49	+7
6	42	
5	35	
4	28	
3	21	
2	14	
1	7	✕

〈本体外側〉

※A色：こげ茶(419)×茶(480)の2本取り

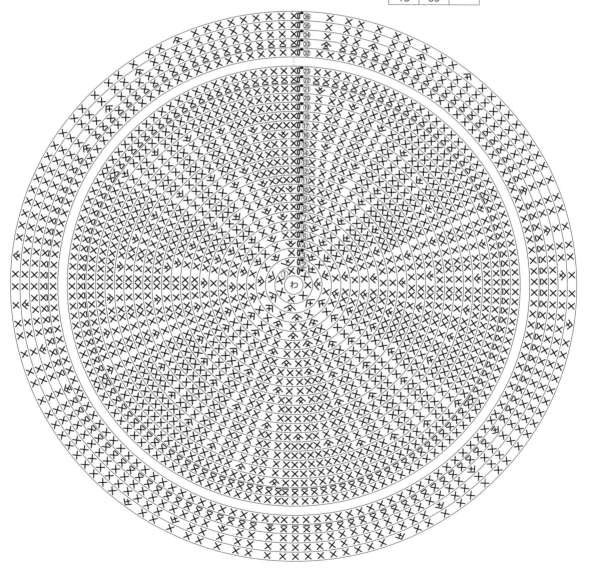

〈本体〉

段数	目数	増減
17~26	108	
16	108	
15	102	+6
14	96	
13	90	
12	84	
11	77	
10	70	
9	63	
8	56	+7
7	49	
6	42	
5	35	
4	28	
3	21	
2	14	
1	7	╳

〈本体内側〉 ※B色：ベージュ（614）の２本取り

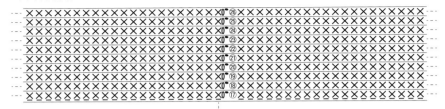

※17段めのすじ編みは
手前半目を拾う。

〈根〉…3枚

※A色：こげ茶（419）×茶（480）の２本取り

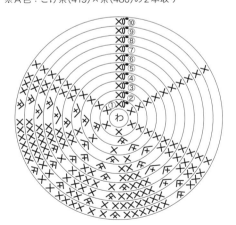

〈根〉

段数	目数	増減
10	38	
9	34	
8	30	
7	26	+4
6	22	
5	18	
4	14	
3	10	+2
2	8	
1	6	╳

04. 切り株のフロアクッション

Photo → 10 ページ

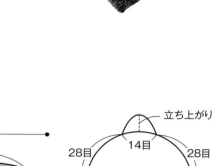

● 材料
ハマナカ ボニー こげ茶（419）280g、茶（480）280g、ベージュ（614）140g
低反発ウレタンクッション中材（丸型・直径40cm×高さ12cm）　1枚
ハマナカ ネオクリーンわたわた　60g

● 道具
かぎ針 8mm
とじ針

● ゲージ
細編み 10 目 10 段＝ 10cm

● 編み方
※糸はすべて2本取り。A色：こげ茶（419）
×茶（480）、B色：ベージュ（614）の2本取り

1.
本体はB色とA色で、底面はA色で編む。それぞれわの作り目に細編み7目を編み入れ、増し目をしながら最終段まで編む。底面は編み終わりの糸を3m残しておく。

2.
本体の中にクッション中材を入れ、底面を外表にかぶせる。編み終わりで残しておいた糸で、本体の32段めの頭目と底面の19段めの頭目を拾って、巻きかがりではぎ合わせる〈図1〉。

3.
根を3枚編む。糸はA色で、わの作り目に細編み6目を編み入れ、編み図の通りに編む。編み終わりは40cm残しておく。中にわたを入れ、編み終わりで残しておいた糸で、巻きかがりで本体にかがりつける。

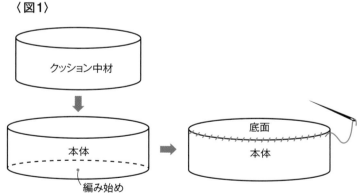

55cm
40cm
13cm
12段
20段めから31段めに巻きかがり

立ち上がり
14目
28目　　28目
14目　　14目
28目
〈真下から見た図〉

〈図1〉

クッション中材

本体
編み始め

底面
本体

〈本体〉…32段まで1枚　※B色：ベージュ(614)の2本取り、A色：こげ茶(419)×茶(480)の2本取り
〈底面〉…19段まで1枚　※A色：こげ茶(419)×茶(480)の2本取り

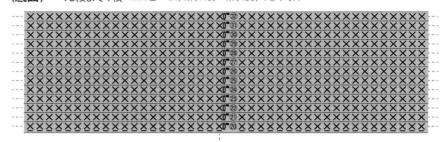

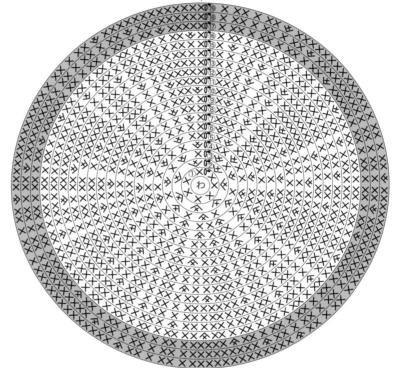

（本体）

段数	目数	増減	色
20~32	126	増減なし	A色
19	126		A色
18	120		A色
17	114		
16	108	+6	
15	102		B色
14	96		
13	90		
12	84		
11	77		
10	70		
9	63		
8	56		
7	49	+7	
6	42		
5	35		
4	28		
3	21		
2	14		
1	7	X	

（底）

段数	目数	増減	色
19	126		A色
18	120		
17	114		
16	108	+6	
15	102		
14	96		
13	90		
12	84		
11	77		
10	70		
9	63		
8	56		
7	49	+7	
6	42		
5	35		
4	28		
3	21		
2	14		
1	7	X	

〈根〉…3枚
※A色：
こげ茶(419)×
茶(480)の
2本取り

（根）

段数	目数	増減
11	42	
10	38	
9	34	
8	30	+4
7	26	
6	22	
5	18	
4	14	
3	10	+2
2	8	
1	6	X

05. 背もたれつきのペットベッド

Photo → **11** ページ

─────────────────────────────────

● 材料
ハマナカ メンズクラブマスター ブルー（69）510g、白（1）160g
ハマナカ ネオクリーンわたわた　195g

● 道具
かぎ針 8mm
とじ針

● ゲージ
底：細編み 11 目 11 段＝ 10cm
側面：うね編み 11 目 7 段＝ 10cm

● 編み方　※糸はすべて2本取り

1.
座面を編む。糸はブルー（69）の
2本取りで1枚、白（1）の2本取り
で1枚、それぞれわの作り目に細
編み7目を編み入れ、増し目をし
ながら21段めまで編む。ブルー
（69）は編み終わりの糸を3m残し
てカットする。2枚を外表に重ね、
残しておいた糸で巻きかがりで縫
い合わせる。

2.
背もたれを編む。糸はブルー（69）
の2本取りで、編み始めの糸を
60cm残しておく。くさり編み16
目で作り目をし、長編み15目を編
み入れる。2段めからはうね編み
で最終段まで編み、編み終わりの
糸は4m残してカットする。

3.
2の編み地を横方向に二つ折りに
し、背もたれの左右1段分と座面
の最終段の目を拾って、背もたれ
の編み終わりの糸で3枚一緒に巻
きかがりではぎ合わせる〈図1〉。

4.
3の途中でわたを入れながら1周
はぎ合わせたら、背もたれの編み
始めの糸で背もたれの1段めを99
段めの上にかぶせ、2枚一緒に縫
い合わせる〈図2〉。

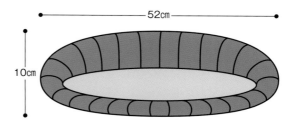

〈図1〉

〈図2〉

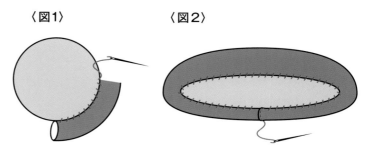

編み地を横に二つ折りにし
て、縁の1段分と底面の最
終段の目を1目ずつ合わせ
て3枚一緒に巻きかがりで
はぎ合わせる。

1段めを99段めにかぶせて
2枚一緒に縫い合わせる。

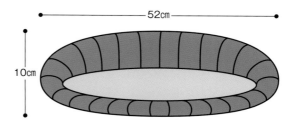

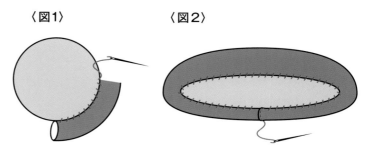

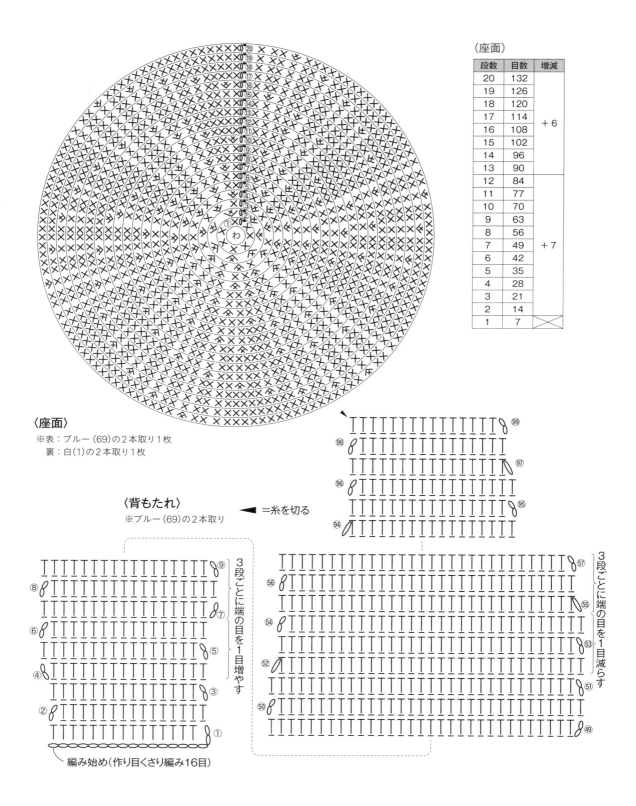

（座面）

段数	目数	増減
20	132	
19	126	
18	120	
17	114	＋6
16	108	
15	102	
14	96	
13	90	
12	84	
11	77	
10	70	
9	63	
8	56	
7	49	＋7
6	42	
5	35	
4	28	
3	21	
2	14	
1	7	✕

〈座面〉
※表：ブルー（69）の2本取り1枚
　裏：白（1）の2本取り1枚

〈背もたれ〉
※ブルー（69）の2本取り

◀ ＝糸を切る

3段ごとに端の目を1目増やす

3段ごとに端の目を1目減らす

編み始め（作り目くさり編み16目）

(背もたれ)

段数	目数	増減
98・99	16	増減なし
97	16	−1
95・96	17	増減なし
94	17	−1
92・93	18	増減なし
91	18	−1
89・90	19	増減なし
88	19	−1
86・87	20	増減なし
85	20	−1
83・84	21	増減なし
82	21	−1
80・81	22	増減なし
79	22	−1
77・78	23	増減なし
76	23	−1
74・75	24	増減なし
73	24	−1
71・72	25	増減なし
70	25	−1
68・69	26	増減なし
67	26	−1
65・66	27	増減なし
64	27	−1
62・63	28	増減なし
61	28	−1
59・60	29	増減なし
58	29	−1
56・57	30	増減なし
55	30	−1
53・54	31	増減なし
52	31	−1
50・51	32	増減なし
49	32	+1
47・48	31	増減なし
46	31	+1
44・45	30	増減なし
43	30	+1
41・42	29	増減なし
40	29	+1
38・39	28	増減なし
37	28	+1
35・36	27	増減なし
34	27	+1
32・33	26	増減なし
31	26	+1
29・30	25	増減なし
28	25	+1
26・27	24	増減なし
25	24	+1
23・24	23	増減なし
22	23	+1
20・21	22	増減なし
19	22	+1
17・18	21	増減なし
16	21	+1
14・15	20	増減なし
13	20	+1
11・12	19	増減なし
10	19	+1
8・9	18	増減なし
7	18	+1
5・6	17	増減なし
4	17	+1
2・3	16	増減なし
1	16	✕

06. ポケットつきフロアクッション

Photo → **11** ページ

● 材料
ハマナカ メンズクラブマスター ブルー(69) 390g、白(1) 180g
低反発ウレタンクッション中材(丸型・直径40cm×高さ12cm) 1枚
革ハギレ(茶・17cm×10cm) 1枚
両面カシメ(直径9mm×足の長さ9mm) 8組

● 道具
かぎ針 8mm
とじ針
目打ち
打ち具
金づち

● ゲージ
底 :細編み 11目
　　　11段=10cm
側面:うね編み 11目
　　　7段=10cm

● 編み方 ※糸はすべて2本取り

1.
上面は白(1)を2本取り、底面はブルー(69)を2本取りで編む。それぞれわの作り目に細編み7目を編み入れ、編み図の通りに編む。底面は編み終わりの糸を3m残しておく。

2.
側面を編む。糸はブルー(69)を2本取り、作り目はくさり編み15目を編み、中長編み15目を編み入れる。2段めからは、中長編みのうね編みで編み、編み終わりの糸を60cm残しておく。

3.
底と側面を外表に合わせ、底の最終段の目の頭と側面の端を拾って、巻きかがりで1周はぎ合わせる。

4.
側面の作り目のくさりの残り半目と最終段の内側の半目を拾って、巻きかがりではぎ合わせる。

5.
革ハギレの左右と下側に8か所の穴を開け、側面の編み地に金づちと打ち具を使ってカシメを止める。このとき、編み地側は編み目を割ってカシメの足を入れる(下図参照)。

6.
クッション中材を入れて上面を被せたら、糸はブルー(69)を3mに切ってとじ針に通し、上面の最終段の目の頭と側面の端を拾って、巻きかがりで1周はぎ合わせる〈図1〉。

〈図1〉

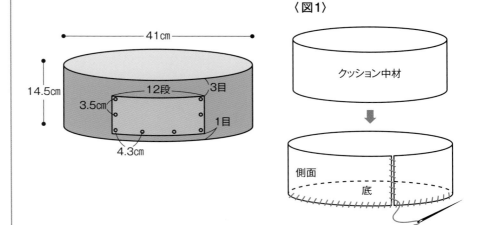

〈上面・底面〉

※上面：白(1)の2本取りで1枚、
　底面はブルー(69)の
　2本取りで1枚

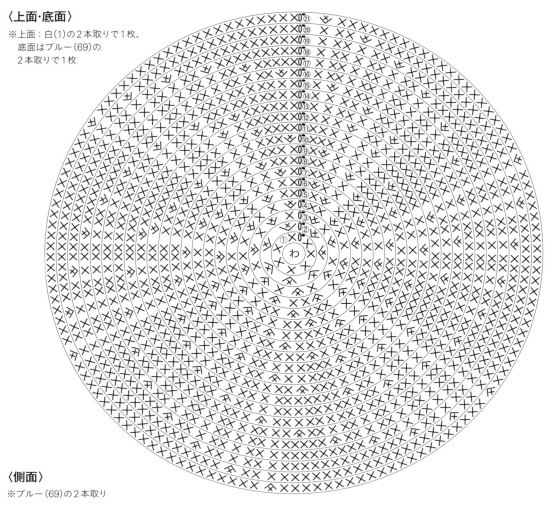

〈側面〉

※ブルー(69)の2本取り

◀ =糸を切る

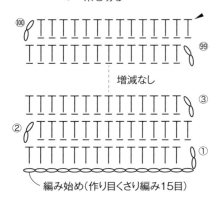

増減なし

編み始め(作り目くさり編み15目)

（上面・底面）

段数	目数	増減	段数	目数	増減
21	138		12	84	
20	132		11	77	
19	126		10	70	
18	120		9	63	
17	114	+6	8	56	
16	108		7	49	+7
15	102		6	42	
14	96		5	35	
13	90		4	28	
			3	21	
			2	14	
			1	7	✕

猫おざぶ 犬おざぶに おすすめの毛糸

ワンコやにゃんこのためのおざぶやベッド、クッションなどは、太めの糸でふっくら編みましょう。ここでは本書で使用している、猫おざぶ犬おざぶにぴったりの毛糸を紹介します。

ハマナカ ボニー

発色がよく、ソフトでふっくらとしたボリューム感のあるアクリル毛糸。洗濯しても縮むことがなく、乾燥が早いだけでなく、抗菌・防臭加工もされていて清潔に保てます。

アクリル100%
50g玉巻（約60m）
かぎ針　7.5/0号

ハマナカ ジャンボニー

ボニーの2倍の太さの超極太糸。ボリュームのある作品もざくざくスピーディーに編むことができます。洗濯可能で、抗菌・防臭加工がされています。

アクリル100%
50g玉巻（約30m）
かぎ針　8〜10mm

ハマナカ わんぱくデニス

アクリル＋ウールなので、軽く、柔らかく、暖かい並太毛糸。洗濯機で丸洗いができるので、ワンコ＆にゃんこグッズが汚れても安心です。

アクリル70%、
ウール30%
50g玉巻（約120m）
かぎ針　5/0号

ハマナカ メンズクラブマスター

シックなカラーバリエーション、ウール60%混で暖かな風合いの極太毛糸。洗濯可能で、ウールには防縮加工がされています。

ウール60%、
アクリル40%
50g玉巻（約75m）
かぎ針　8〜10号

ハマナカ ひふみ チャンキー

ざくざく編めて、軽く風合いのよい極太糸。ウールの無撚に近い糸をナイロンでカバーしているため、強度が高いのが特徴。ポコポコとしたかわいい編み地になります。

ウール95%、ナイロン5%　40g玉巻（約36m）
かぎ針　7mm

使用したかぎ針

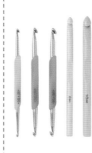

本書では太めの糸を使用しているため、かぎ針も大きめのものを使っています。それぞれ糸に合わせて、竹製の10mm、8mmのほか、両側に針がついている8/0-10/0号（5.0mm/6.0mm）、7.5/0-9/0号（4.5mm/5.5mm）、5/0-7/0号（3.0mm/4.0mm）などを使用しました。

07. 金魚のペットベッド 🐾

ベッド部分は 5 色のお花モチーフを 16 枚つないだもの。
ボタンで取りつける尾ヒレは、
ペットのブランケットにもなります。

How to make → 26 ページ
Design：andeBoo

08. 金魚のあみぐるみ ブランケット

頭は五角形と六角形のモチーフをつないだあみぐるみ。
大きな尾ヒレはあたたかなブランケットに。

How to make → 31 ページ
Design：andeBoo

09. お花のカメさんクッション

ペット用のお花のカメさんおざぶとお揃い。
インテリアのアクセントになる楽しいカラフルクッションです。

How to make → 34 ページ
Design：andeBoo

カラフルで
楽しいワン！

10. お花のカメさんおざぶ 🐾

カラフルな花びらの甲羅がかわいいペット用おざぶ。
頭につけたクローバーや甲羅のトップにつけたクッキーなど
細かなアイテムもかわいくて、編むのも楽しい！

How to make → 39 ページ
Design：andeBoo

07. 金魚のペットベッド

Photo → 22 ページ

● 材料
ハマナカ ボニー 淡ピンク（405）240g、ペパーミントグリーン（407）100g、
水色（439）100g、ラベンダー（612）100g、クリーム色（478）95g、黄色（432）80g
ハマナカ ネオクリーンわたわた 100g
ボタン（直径2cm）3個

● 道具
かぎ針8/0号
とじ針

● 作り方　※すべて1本取り

1.
基本のモチーフを計16枚編む。糸は黄色
（432）でわの作り目に細編み12目を編み
入れ、編み図の通りに編み、3段めからは
糸色を変えて編む（「配色表」参照）。

2.
モチーフどうしを〈モチーフの配色とつな
ぐ順番〉の図を見ながら、7段めの角のく
さり編みの部分で編みつなぐ。

3.
フレームを編む。糸は淡ピンク（405）で
くさり編み188目の作り目を編み、輪にし
て編み図の通りに10段編む（糸は切らな
い）。編み終わったら二つ折りにして、わ
たを詰めながら細編み1段でとじる〈図3〉。

4.
フレームとモチーフを細編みでつなぐ〈図
4〉。

5.
尾ヒレを編む。糸は淡ピンク（405）で編み
始めを1m残してくさり編み14目の作り目
から始め、編み図の通りに糸色を変えなが
ら編む（「配色表」参照）。

6.
ヒレを編む。糸は淡ピンク（405）で編み始
めを50cm残してくさり編み24目の作り
目から始め、編み図の通りに糸色を変え
ながら編む（AパターンとBパターン1枚
ずつ計2枚）。編み始めで残した糸で縫い
絞ってギャザーを寄せる〈図5〉。

7.
フレームの際にボタンを3個縫いつける〈図
2〉、尾ヒレをつける。ヒレは左右のモチー
フの際にとじつける〈図1〉。

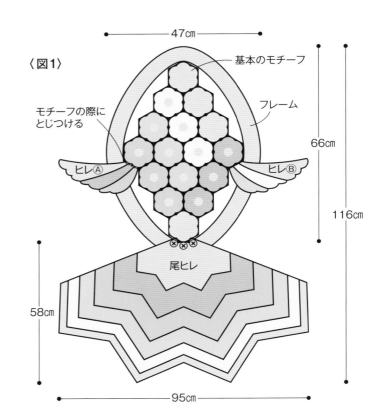

〈図1〉

47cm

基本のモチーフ

モチーフの際に
とじつける

フレーム

ヒレⒶ　　　　　ヒレⒷ

66cm

116cm

尾ヒレ

58cm

95cm

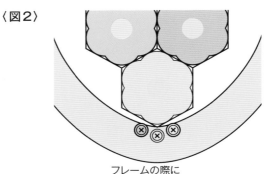

〈図2〉

フレームの際に
ボタンを3個縫いつける

〈基本のモチーフ〉 ◁ =糸をつける ◀ =糸を切る

11㎝

9.5㎝

（ ▽ =細編み、くさり、細編みを同じ目に編み入れる）

配色表

段数	1・2段	3〜7段	枚数
配色	黄色（432）	淡ピンク（405）	4枚
		クリーム色（478）	3枚
		ペパーミントグリーン（407）	3枚
		水色（439）	3枚
		ラベンダー（612）	3枚
モチーフ合計			16枚

2段め／手前の半目に編み入れる
3段め／1段めの向こうの半目（1目おきに）に編み
　　　入れる
5段め／1段めの向こうの半目（3段めで編み入れな
　　　かった目）に編み入れる
6段め／ひは4段め花びらの中央の長編みを裏引き
　　　上げ編みする

〈モチーフの配色とつなぐ順番〉

角（● :引き抜き
　○ :くさり）

61.5㎝

38㎝

淡ピンク（405）

1

クリーム（478）

2

淡ピンク（405）

3

ペパーミント
グリーン
（407）

4

クリーム（478）

5

淡ピンク（405）

6

27

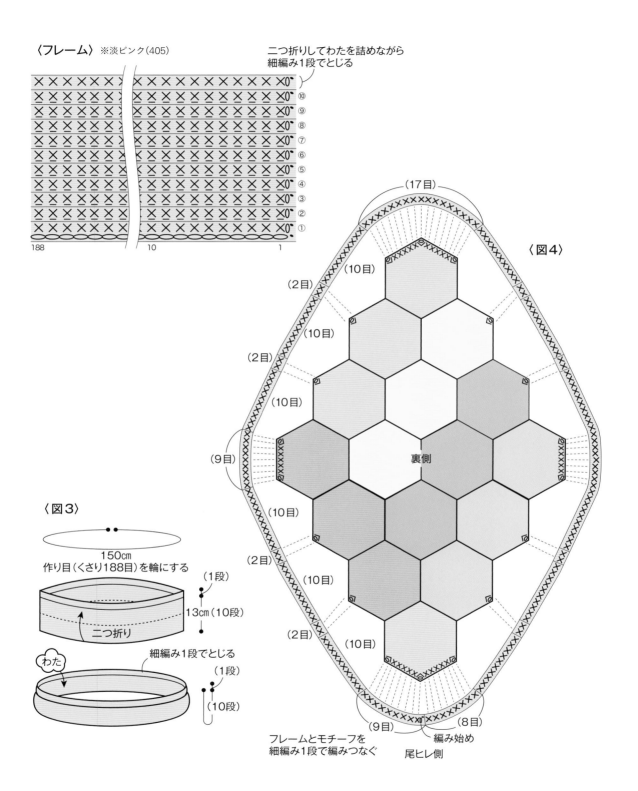

〈フレーム〉 ※淡ピンク(405)

二つ折りしてわたを詰めながら
細編み1段でとじる

188　　　　10　　　　1

〈図4〉

(17目)

(10目)

(2目)

(10目)

(2目)

(10目)

(9目)

裏側

(10目)

(2目)

(10目)

(2目)

(10目)

(9目)　(8目)

編み始め

尾ヒレ側

フレームとモチーフを
細編み1段で編みつなぐ

〈図3〉

150cm
作り目(くさり188目)を輪にする

(1段)

13cm(10段)

二つ折り

わた

細編み1段でとじる

(1段)

(10段)

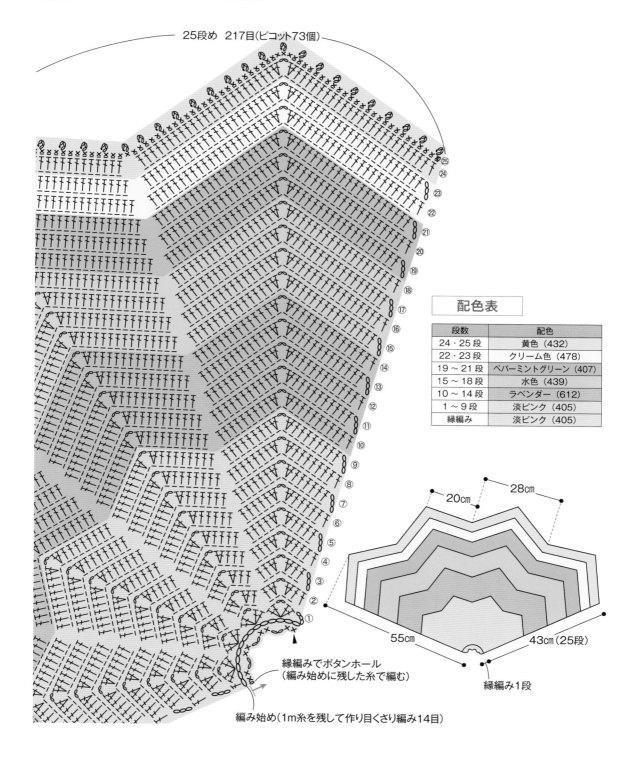

〈尾ヒレ〉 ◁ =糸をつける ◀ =糸を切る

25段め　217目(ピコット73個)

配色表

段数	配色
24・25段	黄色 (432)
22・23段	クリーム色 (478)
19〜21段	ペパーミントグリーン (407)
15〜18段	水色 (439)
10〜14段	ラベンダー (612)
1〜9段	淡ピンク (405)
縁編み	淡ピンク (405)

20cm
28cm
55cm
43cm(25段)

縁編み1段

縁編みでボタンホール
(編み始めに残した糸で編む)

編み始め(1m糸を残して作り目くさり編み14目)

〈ヒレ〉 ◁＝糸をつける ◀＝糸を切る

※AパターンとBパターン1枚ずつ

配色表		
段数	配色〈Aパターン〉	配色〈Bパターン〉
12～15段	水色（439）	ペパーミントグリーン（407）
8～11段	ラベンダー（612）	クリーム色（478）
1～7段	淡ピンク（405）	

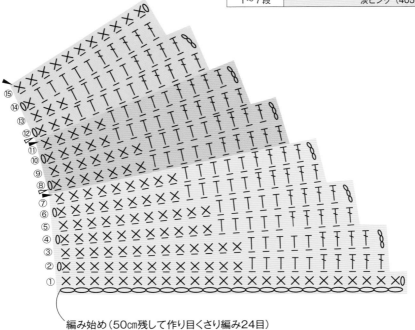

編み始め（50cm残して作り目くさり編み24目）

⑧水色（439）
⑧ペパーミントグリーン（407）

⑧ラベンダー（612）
⑧クリーム色（478）

淡ピンク（405）

8.5cm
（11目）

（15段）

19cm
（24目）

〈図5〉

残した糸で縫いしぼりギャザーを寄せる。
それぞれのモチーフの際にとじつける

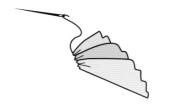

08. 金魚のあみぐるみブランケット

Photo → 23 ページ

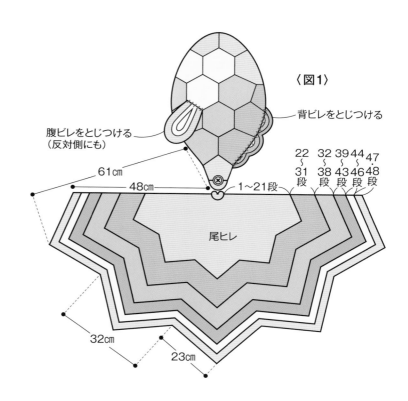

● 材料
ハマナカ わんぱく 淡ピンク(5) 100g、水色(47) 100g、
ラベンダー (49) 100g、ミントブルー (57) 80g、クリーム色(3) 70g、黄色(43) 50g
ボタン(直径2cm) 2個
ハマナカ ネオクリーンわたわた 60g

● 道具
かぎ針5/0号
とじ針

● 編み方

1.
五角形と六角形のモチーフを編む(「配色とモチーフの枚数表」参照)。五角形、六角形モチーフとも糸は黄色(43)でわの作り目で始め、編み図の通りに編む。

2.
モチーフがすべて編み終わったら、とじ針でモチーフどうしの頭の目をすべてすくって、コの字にはぎ合わせる〈図3〉。最後にわたを入れる。

3.
お尻を編む。糸は淡ピンク(5)でわの作り目に細編み6目を編み入れ、編み図の通りに編む。編み終わりは40cm残し、わたを入れて2と合わせて巻きかがる〈図4〉。

4.
尾ヒレを編む。糸は淡ピンク(5)で編み始めの糸を2m残してくさり編みの作り目13目から編み図の通りに編む。編み始めで残しておいた糸で縁編みをし、ボタンホールを作る。

5.
腹ビレを2枚編む。糸はクリーム色(3)でくさり編みの作り目15目から編み、4段めが編み終わったら、そのまま縁編みをする。

6.
背ビレを編む。糸はラベンダー (49)でくさり編みの作り目13目で編み始め、編み図の通りに編む。

7.
お尻の両サイドにボタンを縫いつける〈図2〉。腹ビレを両側に、背ビレを上側にとじつける〈図1〉。

〈図1〉
背ビレをとじつける
腹ビレをとじつける
(反対側にも)
61cm
48cm
尾ヒレ
1～21段
22
～
31
段
32
～
38
段
39
～
43
段
44
～
46
段
47
48
段
32cm
23cm

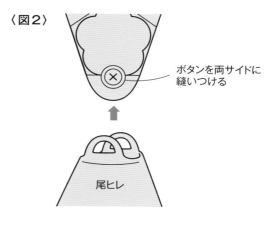

〈図2〉
ボタンを両サイドに縫いつける
尾ヒレ

〈五角形モチーフ〉　◁ =糸をつける　◀ =糸を切る

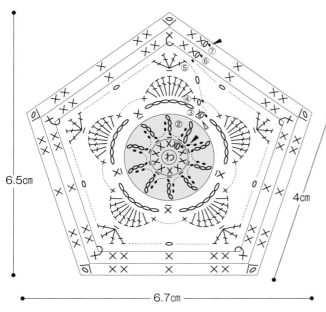

6.5cm

4cm

6.7cm

〈六角形モチーフ〉

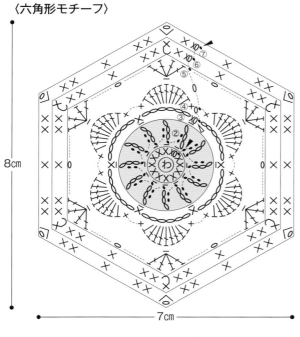

8cm

7cm

配色とモチーフの枚数表

段数	1・2段	3～7段	五角形	六角形
配色	黄色（43）	淡ピンク（5）	4枚	1枚
		クリーム色（3）	✕	5枚
		ミントブルー（57）	3枚	✕
		水色（47）	2枚	4枚
		ラベンダー（49）	5枚	✕
モチーフ合計			14枚	10枚

〈図3〉

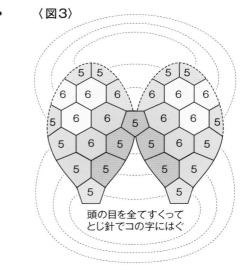

頭の目を全てすくって
とじ針でコの字にはぐ

〈図4〉

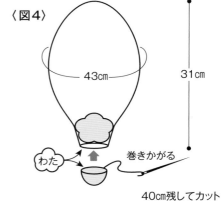

43cm

31cm

わた

巻きかがる

〈お尻〉
※淡ピンク（5）

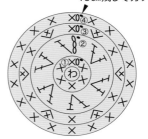

40cm残してカット

8cm（18目）

3cm（4段）

（お尻）

段数	目数	増減
4	18	増減なし
3	18	＋6
2	12	＋6
1	6	✕

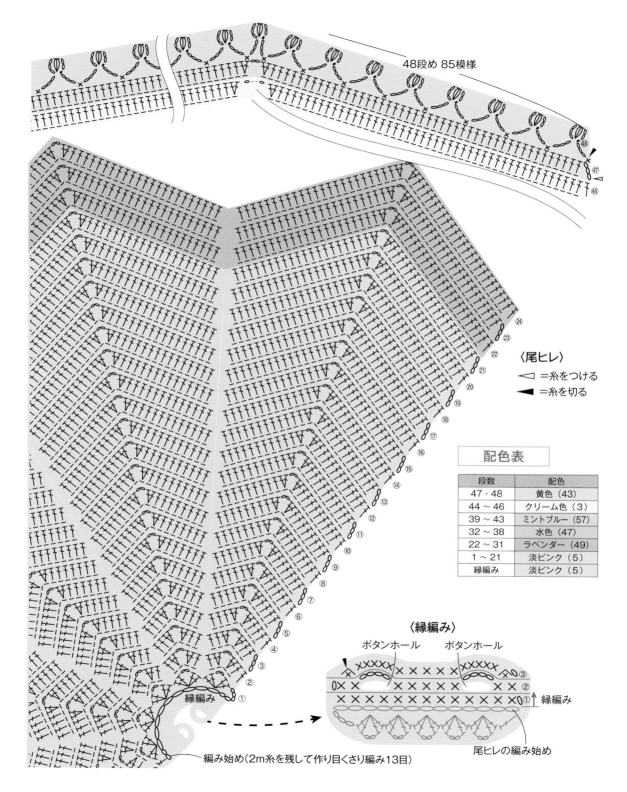

48段め 85模様

〈尾ヒレ〉
◁ ＝糸をつける
◀ ＝糸を切る

配色表	
段数	配色
47・48	黄色（43）
44〜46	クリーム色（3）
39〜43	ミントブルー（57）
32〜38	水色（47）
22〜31	ラベンダー（49）
1〜21	淡ピンク（5）
縁編み	淡ピンク（5）

〈縁編み〉

ボタンホール　　ボタンホール

縁編み

縁編み

尾ヒレの編み始め

編み始め（2m糸を残して作り目くさり編み13目）

33

〈腹ビレ〉

◁ =糸をつける　◀ =糸を切る

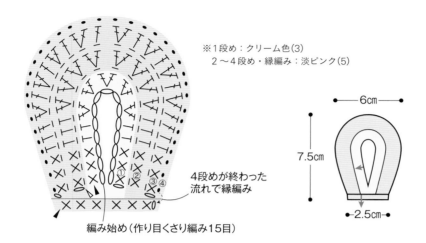

※1段め：クリーム色(3)
　2〜4段め・縁編み：淡ピンク(5)

6cm

7.5cm

2.5cm

4段めが終わった
流れで縁編み

編み始め（作り目くさり編み15目）

〈背ビレ〉　◁ =糸をつける　◀ =糸を切る

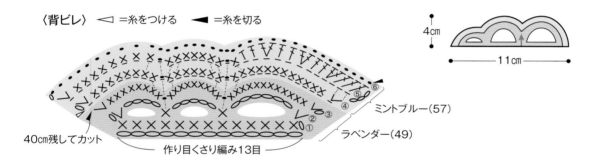

4cm

11cm

ミントブルー(57)

ラベンダー(49)

40cm残してカット

作り目くさり編み13目

09. お花のカメさんクッション

Photo → 24 ページ

● 材料
ハマナカ ボニー　パープル(496) 170g、ベージュ（406）100g、ローズピンク(474) 95g、
クリーム色(478) 50g、若草色(495) 50g、エメラルドグリーン(607) 45g、淡ピンク(405) 40g、
生成り(442) 35g、ラベンダー（612）35g、水色(439) 30g、こげ茶(419) 10g
ハマナカ ネオクリーンわたわた 180g
ボタン（直径2cm・直径2.8cm）　各2個

● 道具
かぎ針 10mm
かぎ針 8mm
かぎ針 7.5/0 号
とじ針

● 編み方

1.
花びらを編む。糸は生成り(442)を2本取りで、かぎ針10mmを使い、わの作り目に立ち上がりのくさり3目と長編み15目を編み入れる。糸の色を変えながら編み図の通りに編む。

2.
甲羅を編む。糸はパープル(496)を2本取りで、かぎ針8mmを使い、わの作り目に細編み6目を編み入れる。16段めまで編み終わったら、花びらと重ね合わせ〈図1〉、17段めの❌部分は花びら14段めの細編みの目と、甲羅前段の目に針を入れて細編み1目でつなぎ合わせる。18段めを編み図の通りに編む。

3.
お腹を編む。糸はローズピンク(474)を2本取りで、かぎ針8mmでわの作り目に細編み6目を編み入れ、編み図の通りに編む。編み終わりは1.2m残してカットする。

4.
2で重ねた甲羅と花びらに、わたを入れながらお腹を重ねてかがり合わせる〈図2〉。

5.
頭を編む。糸はベージュ(406)を2本取りで、かぎ針8mmを使い、わの作り目に細編み6目を編み入れる。編み図の通りに編み、編み終わりは40cm残してカットする。

6.
しっぽを編む。糸はベージュ(406)を2本取りで、かぎ針8mmでわの作り目に細編み4目を編み入れ、編み図の通りに編む。編み終わりは40cm残してカットする。

7.
足を編む。糸はベージュ(406)を2本取りで、かぎ針8mmで編み始めの糸を40cm残し、くさりの作り目10目で輪にし、編み図の通りに編む。

8.
飾り花を編む。糸はクリーム(478)を1本取りで、かぎ針7.5/0号を使い、わの作り目に細編み6目を編み入れる。2段めはローズピンク(474)で編む。

9.
飾りクッキーを編む。糸はこげ茶(419)を2本取りで、かぎ針8mmでわの作り目に細編み8目を編み入れ、編み図の通りに編む。生成り(442)1本取りでフレンチノットステッチで模様をつける。

10.
足としっぽにわたを入れ、それぞれ残していた糸を使ってお腹と甲羅の境目にかがりつける。お腹の中心にこげ茶(419)を2本取りにし、ストレートステッチで刺しゅうする〈図3〉。

11.
飾り花を頭に、クッキーを花びらのトップにそれぞれ縫いつける。目はサイズの違う2枚のボタンを重ねて、頭の両サイドに縫いつける〈図4〉。

〈図1〉

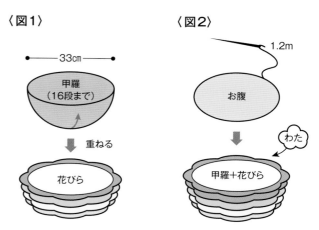

甲羅の16段めまで編み終わったら、花びらを重ね合わせる。

〈図2〉

お腹で残しておいた糸で、お腹と甲羅+花びらを巻きかがりでつなぎ合わせる。

〈図3〉

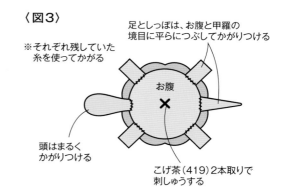

足としっぽは、お腹と甲羅の境目に平らにつぶしてかがりつける

※それぞれ残していた糸を使ってかがる

頭はまるくかがりつける

こげ茶(419)2本取りで刺しゅうする

〈図4〉

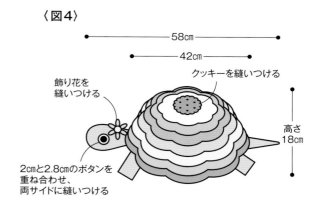

飾り花を縫いつける

クッキーを縫いつける

高さ18cm

2cmと2.8cmのボタンを重ね合わせ、両サイドに縫いつける

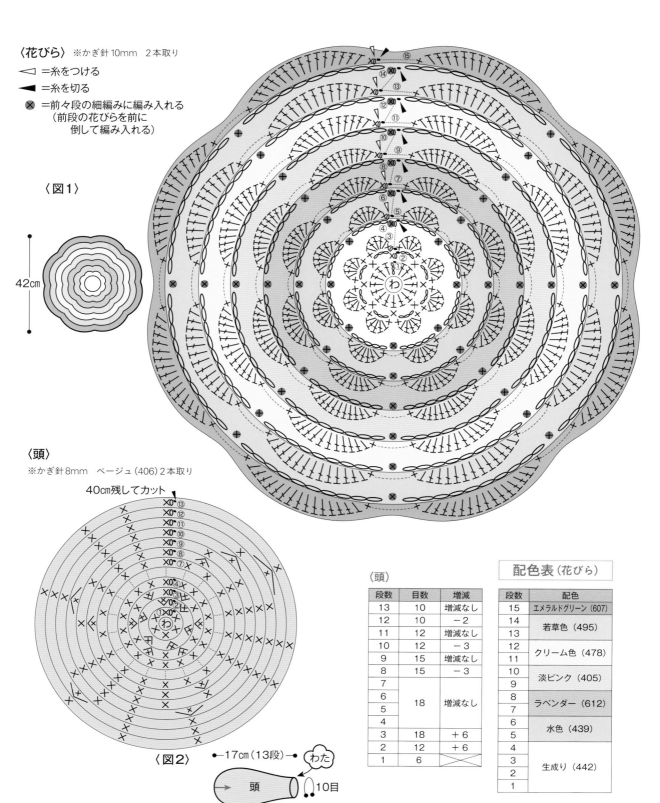

〈花びら〉 ※かぎ針10mm　2本取り

⊲ ＝糸をつける

◀ ＝糸を切る

⊗ ＝前々段の細編みに編み入れる
　（前段の花びらを前に
　　倒して編み入れる）

〈図1〉

42cm

〈頭〉
※かぎ針8mm　ベージュ（406）2本取り

40cm残してカット

〈図2〉

←17cm（13段）→　わた

頭　　10目

〈頭〉

段数	目数	増減
13	10	増減なし
12	10	−2
11	12	増減なし
10	12	−3
9	15	増減なし
8	15	−3
7		
6	18	増減なし
5		
4		
3	18	＋6
2	12	＋6
1	6	✕

配色表（花びら）

段数	配色
15	エメラルドグリーン（607）
14	若草色（495）
13	
12	クリーム色（478）
11	
10	淡ピンク（405）
9	
8	ラベンダー（612）
7	
6	水色（439）
5	
4	生成り（442）
3	
2	
1	

〈甲羅〉
※かぎ針8mm
　パープル(496) 2本取り

〈凡例〉
▷ =糸をつける
◀ =糸を切る
⊗ =花びらとつなぐ
　細編み

(甲羅)

段数	目数	増減
18	編み図参照	
17		
16		増減なし
15	72	
14		
13		
12	72	
11	66	
10	60	
9	54	
8	48	
7	42	＋6
6	36	
5	30	
4	24	
3	18	
2	12	
1	6	

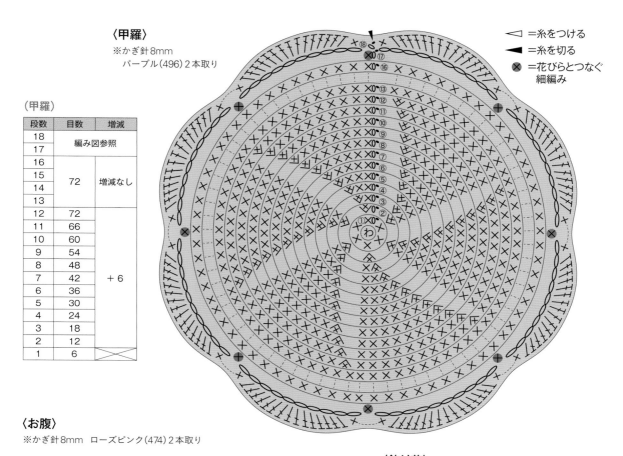

〈お腹〉
※かぎ針8mm　ローズピンク(474) 2本取り

編み終わりは1.2m残しカット

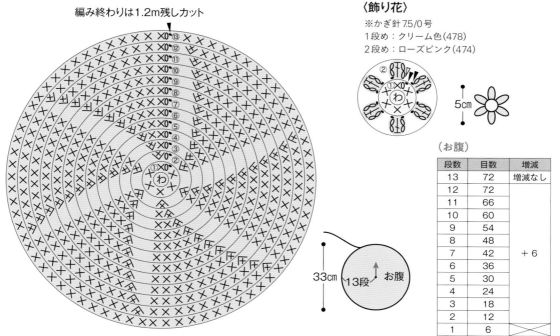

33cm ←13段→ お腹

〈飾り花〉
※かぎ針7.5/0号
1段め：クリーム色(478)
2段め：ローズピンク(474)

5cm

(お腹)

段数	目数	増減
13	72	増減なし
12	72	
11	66	
10	60	
9	54	
8	48	
7	42	＋6
6	36	
5	30	
4	24	
3	18	
2	12	
1	6	

〈しっぽ〉
※かぎ針8mm
　ベージュ（406）2本取り

＝糸をつける　◀＝糸を切る

40cm残しカット

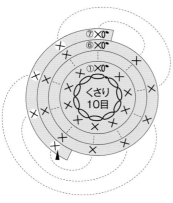

（しっぽ）

段数	目数	増減
13	10	増減なし
12		
11	10	＋1
10	9	増減なし
9	9	＋1
8	8	増減なし
7	8	＋1
6	7	増減なし
5	7	＋1
4	6	増減なし
3	6	＋1
2	5	＋1
1	4	✕

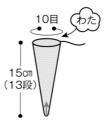

10目　わた

15cm
（13段）

〈足〉
※かぎ針8mm
　ベージュ（406）2本取り

くさり
10目

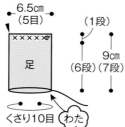

6.5cm
（5目）

（1段）

9cm
（6段）（7段）

足

くさり10目　わた

7段めは二つ折りにし、
反対側の細編みの目にも針を入れ、
細編みは5目を編みながら口をとじる

（足）

段数	目数	増減
7	5	－ 5
2～6	10	増減なし
1	10	✕

〈飾りクッキー〉
※かぎ針8mm　こげ茶（419）2本取り

8.5cm

生成り（442）1本取りで
フレンチノットステッチ
（5回巻き）

（飾りクッキー）

段数	目数	増減
3	16	増減なし
2	16	＋8
1	8	✕

10. お花のカメさんおざぶ

Photo → 25 ページ

● 材料
ハマナカ ボニー ローズピンク(474) 150g、ベージュ (406) 100g、
エメラルドグリーン(607) 80g、若草色(495) 80g、クリーム色(478) 60g、ラベンダー (612) 50g、
淡ピンク(405) 50g、水色(439) 45g、パープル(496) 40g、生成り(442) 35g、こげ茶(419) 10g
ハマナカ ネオクリーンわたわた 30g
ボタン(直径2cm・直径2.8cm) 各2個

● 道具
かぎ針 10mm
かぎ針 8mm
かぎ針 7.5/0 号

● 編み方

1.
お腹を編む。糸はローズピンク(474)を
2本取りで、かぎ針8mmでわの作り目
に細編み8目編み入れ、編み図の通りに
糸色を変えながら編む。

2.
花びら甲羅を編む。糸は生成り(442)を
2本取りで、かぎ針10mmでわの作り目
に立ち上がりのくさり3目と長編み15目
を編み入れ、編み図の通りに糸色を変え
ながら編む。

3.
花びらの甲羅の18段めでお腹とつなぎ
合わせる〈図1〉。

4.
頭、足、しっぽ、飾りクッキーは「お花の
カメさんクッション」と同様に編む(編み
図は36、38ページ)。

5.
飾りクローバーを編む。糸は若草色(495)
を1本取りで、かぎ針7.5/0号でわの作
り目に「細編み1目、くさり4目、最初に
編んだ細編みに引き抜く」を4回繰り返
す。2段めはエメラルドグリーン(607)で
編む。

6.
頭、足、しっぽはわたを入れ、平らにつ
ぶしてお腹の縁にかがりつける。お腹の
中心にこげ茶(419)を2本取りにし、ス
トレートステッチで刺しゅうする〈図2〉。

7.
飾りクローバーを頭に縫いつける。目は
サイズの違う2個のボタンを重ねて、頭
の両サイドに縫いつける〈図3〉。クッキー
を花びらのトップに縫いつける〈図4〉。

〈図1〉

花びら甲羅は18段めで
お腹とつなぎ合わせる。
★印の位置どうしを合わせ、
⊗部分で細編みでつなぐ。

17段めまで編み終えた
花びら甲羅

〈図2〉

頭、足、しっぽはわたを入れ、
平らにつぶし、お腹の縁にかがりつける

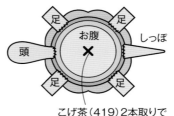

こげ茶(419)2本取りで
刺しゅうする

〈図3〉

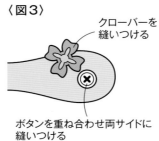

クローバーを
縫いつける

ボタンを重ね合わせ両サイドに
縫いつける

〈図4〉

クッキーを縫いつける

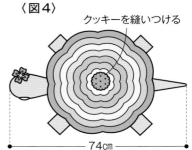

74cm

〈お腹〉　◁ =糸をつける　◀ =糸を切る　★ =花びらと甲羅を合わせる位置

※かぎ針8mm　各色2本取り

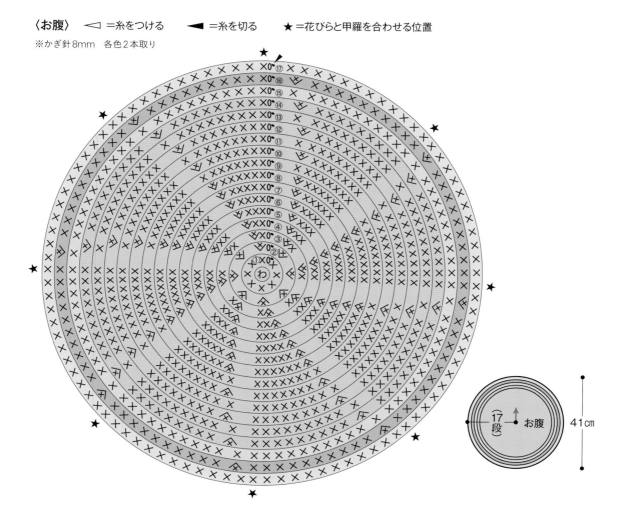

41cm

お腹

〈飾りクローバー〉

※かぎ針7.5/0号
　1段め：若草色(495)
　2段め：エメラルドグリーン(607)

◁ =糸をつける

◀ =糸を切る

6.5cm

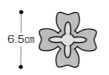

（お腹）

段数	目数	増減	配色
17	96	増減なし	若草色(495)
16	96	＋8	エメラルドグリーン(607)
15	88	増減なし	水色(439)
14	88	＋8	ラベンダー (612)
13	80	増減なし	ローズピンク(474)
12	80	＋8	
11	72	増減なし	
10	72	＋8	
9	64	増減なし	
8	64	＋8	
7	56		
6	48		
5	40		
4	32		
3	24		
2	16		
1	8		

〈花びら甲羅〉 ※かぎ針10mm　各色2本取り

◁ =糸をつける　　◀ =糸を切る

⊗ ==前々段の細編みに編み入れる（前段の花びらを前に倒して編み入れる）

★ =花びらと甲羅を合わせる位置

（花びら甲羅）

段数	配色
19	エメラルドグリーン（607）
18	若草色（495）
17	
16	クリーム色（478）
15	
14	淡ピンク（405）
13	
12	ローズピンク（474）
11	

段数	配色
10	パープル（496）
9	
8	ラベンダー（612）
7	
6	水色（439）
5	
4	生成り（442）
3	
2	
1	

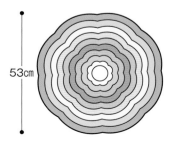

53㎝

12. さんかくポーチ

さんかくパターンを 4 枚つなぎ合わせたポーチは
さんかくドームとお揃いのイメージ。
ワンちゃんとのお散歩にもぴったりです。

How to make → 46 ページ
Design：blanco

11. さんかくドーム

Photo → 42 ページ

● 材料
ハマナカ ボニー モスグリーン（494）490g、
ベージュ（406）40g

● 道具
かぎ針 8mm
とじ針

● ゲージ
細編み 9.5 目 9.5 段＝ 10cm

● 編み方 ※糸はすべて 3 本取り

1.
側面 4 枚を編む。糸はモスグリーン（494）
を使い、くさり編み 29 目で作り目をし、
編み図の通りに編む。1 枚だけは編み図の
通りに入口部分を空洞にして編む。

2.
底面を編む。糸はモスグリーン（494）を
使い、くさり編み 29 目で作り目をし、編
み図の通りに編む。

3.
底の四辺に側面の下辺を合わせ、色は
ベージュ（406）を使い、それぞれ細編み
で編み合わせる〈図 1。編み方は底の編み
図に記載〉。

4.
糸はベージュ（406）を使い、側面どうし
を編み合わせる。側面の右側と右隣にくる
側面の左側を外表に合わせて細編みでと
じ合わせていく〈図 2。編み方は側面の編
み図に記載〉。

5.
タッセルを作る。ベージュ（406）の糸を
15cm 幅の厚紙などに 25 回巻き、厚紙か
ら外したら二つ折りにし、片側を別の糸で
しばって、反対側は切り揃える。しばった
糸をトップから出し、くさり編み 7 目を編
んで、さんかくドームのトップに外から通
して内側でしばってとめる〈図 3〉。

側面 35cm（34段） 30cm（29目） 30cm（29目）

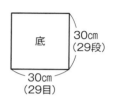

底 30cm（29段） 30cm（29目）

〈図1〉

底 縁編み

〈図2〉

残った糸で
トップをしぼる
縁編み

〈図3〉

7cm くさり7目

〈底〉　◁ ＝糸をつける　◀ ＝糸を切る
※モスグリーン（494）

編み始め（作り目くさり編み29目）　　　　底と側面（下）の縁編み

〈側面〉
※モスグリーン（494）、
　縁編みはベージュ（406）

◁ ＝糸をつける

◀ ＝糸を切る

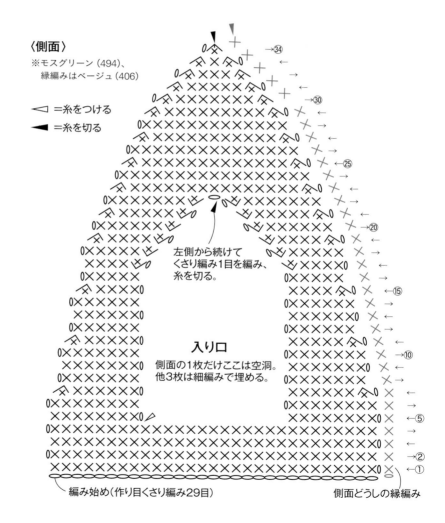

左側から続けて
くさり編み1目を編み、
糸を切る。

入り口
側面の1枚だけここは空洞。
他3枚は細編みで埋める。

編み始め（作り目くさり編み29目）　　　　側面どうしの縁編み

12. さんかくポーチ

Photo → 43 ページ

● 材料
ハマナカ ボニー グレー（481）95g、ピンク（605）15g
ファスナー 20cm（グレー）1本
縫い糸（グレー）

● 道具
かぎ針 7/0 号
とじ針
縫い針

● ゲージ
細編み 14.5 目 17 段＝ 10cm

● 編み方　※糸はすべて 1 本取り

1.
パターンを 4 枚編む。糸はグレー（481）
を使い、作り目はくさり編み 31 目で編み
図の通りに編む。

2.
1 の 1 枚を底とし、底の 3 辺に側面になる 3
枚を、糸はピンク（605）を使って細編みで
編み合わせる〈図 1。編み図の縁編み部分〉

3.
糸はピンク（605）を使って、側面どうし
の 2 か所を細編みで編み合わせる。ファス
ナーをつける入口はそれぞれ細編みで縁
編みし、ファスナーを縫いつける。残った
糸でトップをしぼる。

4.
持ち手を編む。糸はピンク（605）を使い、
作り目はくさり編み 56 目で細編みを 2 段
編み、編み終わりの糸は 20cm 残してお
く。残しておいた糸で、バッグのトップに
とじつける。

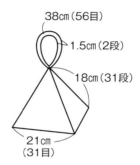

38cm（56目）
1.5cm（2段）
18cm（31段）
21cm
（31目）

〈図1〉

底
側面

〈図2〉

残った糸で
トップをしぼる
側面どうしの
縁編み

〈図3〉

持ち手を
とじつける
ファスナーを
縫いつける

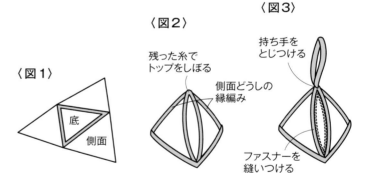

〈パターン〉　▷ ＝糸をつける　◀ ＝糸を切る

※グレー（481）、
　縁編みはピンク（605）

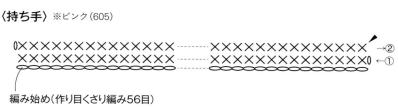

側面どうしの縁編みはここだけ

←㉛
←㉚
㉕
⑳
←⑮
⑩
←⑤
→②
←①

編み始め（作り目くさり編み31目）

※ぐるっと1周縁編みするのは底だけ

〈持ち手〉※ピンク（605）

→②
←①

編み始め（作り目くさり編み56目）

47

13. ペットと一緒に使うラグ

直線のラインをソファや壁につけるようにして置き、
ペットと一緒に使うラグ。
5色の太い糸でざっくり編みます。

How to make → 52 ページ
Design：高際有希

14. 骨型クッション

ワンちゃん用の骨型クッションは、
半月ラグの残糸を使ってカラフルに、楽し気に！

How to make → 54 ページ
Design：高際有希

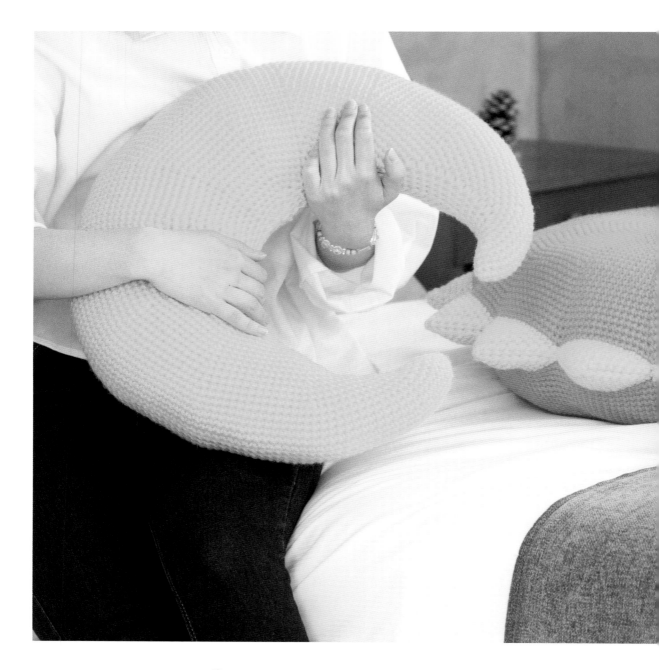

15. 月のクッション

おひさまクッションと合わせて使いたいクッション。
くさり編みの作り目が縁になり、ぐるりと一気に編みます。

How to make → 56 ページ
Design：ミドリノクマ

16. おひさまクッション

カラフルなオレンジがまぶしいクッションは
猫ちゃん、ワンちゃん用でも一緒に使っても。
トゲ部分を編みながらとじていきます。

How to make → 58 ページ
Design：ミドリノクマ

13. ペットと一緒に使うラグ

Photo → 48 ページ

● 材料
ハマナカ ひふみ チャンキー 白（201）215g、
黄緑（204）200g、ベージュ（202）140g、
赤（206）140g、黄（205）100g

● 道具
かぎ針 7mm
とじ針

● ゲージ
細編み 8.5 目 8.5 段＝ 10cm

● 編み方 ※糸は1本取り

1.
編み始めの糸は赤（206）でわの作り目を
して細編み3目を編み入れる。編み図の通
り、往復編みで増し目をしながら編む。

2.
8段め以降は、編み図の通りに6段ごとに
糸色を変える。

※偶数段はくさり編みで立ち上
　がったあと、「中長玉編み→細編
　み」の繰り返しで6段め以降は増
　し目なし。
※奇数段はすべて細編み。増し目
　のある段とない段がある。

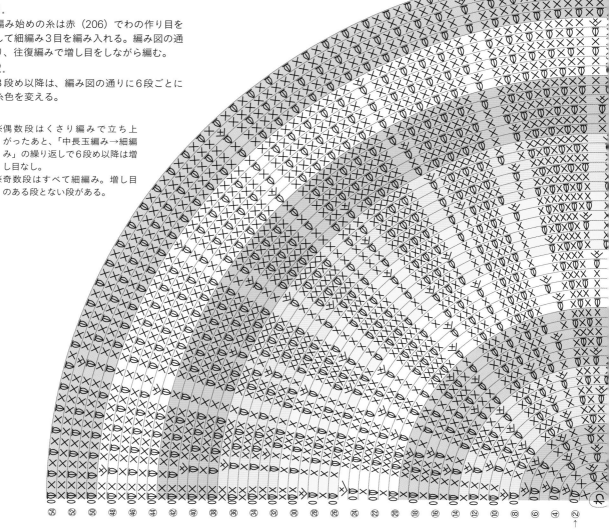

段数	目数	増減	配色
54	152	増減なし	黄緑（204）
53	152	＋6	
50～52	146	増減なし	
49	146	＋7	白（201）
46～48	139	増減なし	
45	139	＋6	
44	133	増減なし	
42～43	133	増減なし	赤（206）
41	133	＋7	
40	126	増減なし	
39	126	＋6	
38	120	増減なし	
37	120	＋7	ベージュ（202）
36	113	増減なし	
35	113	＋6	
34	107	増減なし	
33	107	＋7	
32	100	増減なし	

段数	目数	増減	配色
31	100	＋6	黄（205）
30	94	増減なし	
29	94	＋7	
28	87	増減なし	
27	87	＋6	
26	81	増減なし	
25	81	＋7	白（201）
24	74	増減なし	
23	74	＋6	
22	68	増減なし	
21	68	＋6	
20	62	増減なし	
19	62	＋7	黄緑（204）
18	55	増減なし	
17	55	＋6	
16	49	増減なし	
15	49	＋7	
14	42	増減なし	
13	42	＋6	ベージュ（202）
12	36	増減なし	
11	36	＋7	
10	29	増減なし	
9	29	＋6	
8	23	増減なし	
7	23	＋8	赤（206）
6	15	増減なし	
5	15	＋5	
4	10	＋1	
3	9	＋3	
2	6	＋3	
1	3		

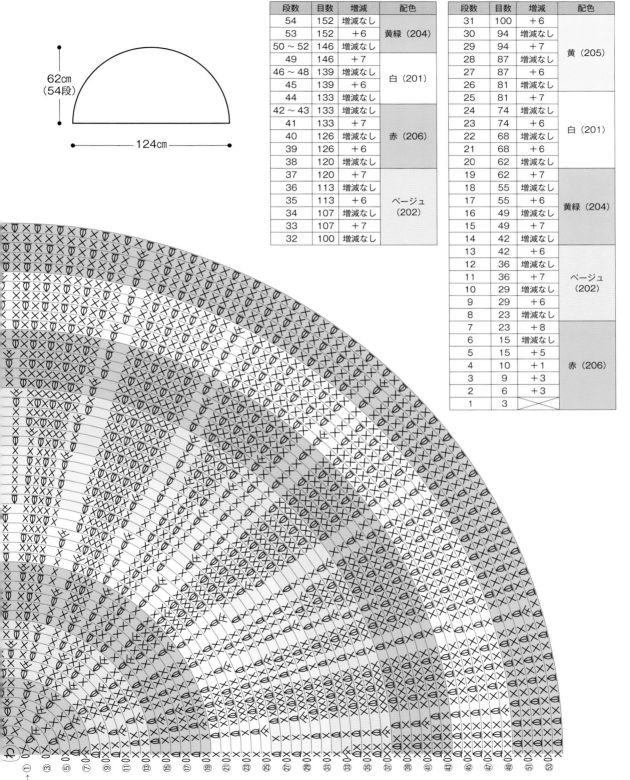

62cm（54段）

124cm

14. 骨型クッション

Photo → 48 ページ

● 材料

ハマナカ ひふみ チャンキー 白（201）80g、ベージュ（202）80g、
赤（206）40g、黄緑（204）35g、黄（205）35g
ネオクリーンわたわた　230g

● 道具

かぎ針 7mm
とじ針

● ゲージ

細編み 9 目 9.5 段＝ 10cm

● 編み方　※糸はすべて2本取り

1.
糸はA糸《白ベース〈白（201）＋他4色〉》の2本取りとB糸
《ベージュベース〈ベージュ（202）＋他4色〉》の2本取りを
使う。他4色の部分の糸は5mの長さに切り、色を変えてつ
ないでいく。例：黄緑（204）→黄（205）→赤（206）→白（201）
またはベージュ（202）

2.
B糸で輪の作り目に細編み6目を編み入れ、増し目をしなが
ら6段めまで編んで骨のパーツを作る。

3.
A糸でも同じように6段めまで編んだら、B糸のパーツに引き
抜いてつなぎ、7段めを編む。編み図の通りに減目しながら
19段めまで編んだら、20段めからB糸に変える。

4.
29段めから増し目をし、32段めまで編んでわたを入れる。
33段めからは2つに分け、骨の先を編む。編み図の△部分に
A糸をつけて拾い、もう片方の骨の先を編む。

5.
編み終わって、骨の先のパーツとパーツの間があいている場
合は、同色の糸で縫う。

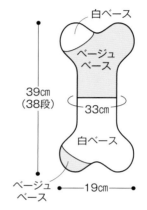

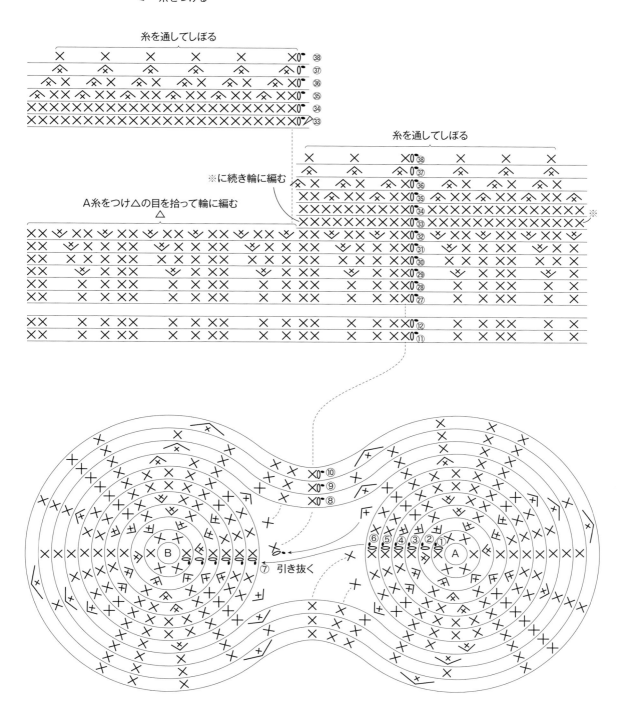

糸をつけ

＝糸をつける

糸を通してしぼる

※に続き輪に編む

A糸をつけ△の目を拾って輪に編む
△

糸を通してしぼる

※

⑦ 引き抜く

A

B

55

15. 月のクッション

Photo → 50 ページ

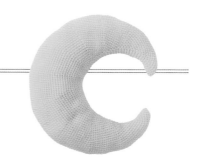

● 材料
ハマナカ ボニー 黄（432）273g
ハマナカ ネオクリーンわたわた　392g

● 道具
かぎ針 7.5/0 号
とじ針

● ゲージ
細編み 14 目 14 段＝ 10cm

● 編み方

1.
くさりの作り目を169目編む。作り目の両側から目を拾って編み図の通りに編む。

2.
最終段まで編んだら、編み終わりの糸を30cm残して切る。

3.
あいている部分からわたを入れ、編み終わりの糸であいている部分を巻きかがってとじる〈図1〉。

〈仕上がりサイズ〉

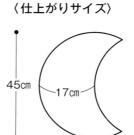

45cm

17cm

〈図1〉

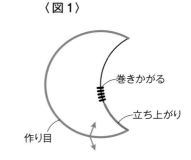

巻きかがる

立ち上がり

作り目

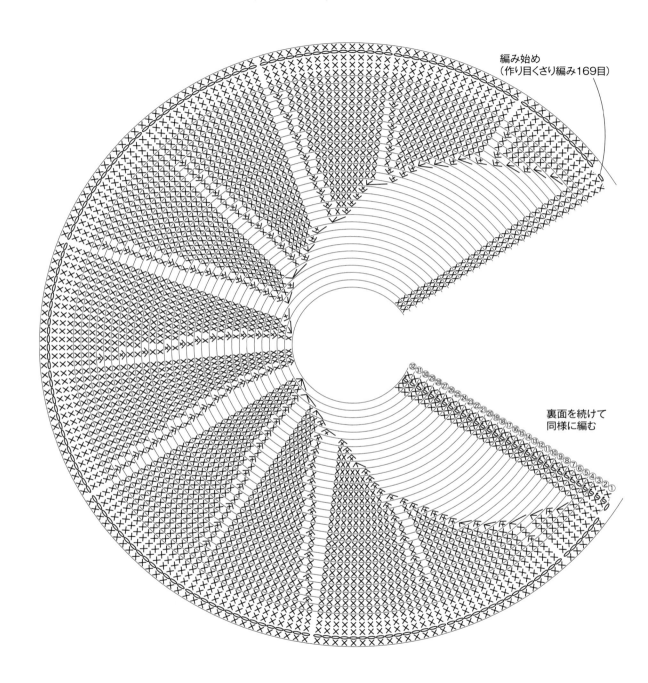

編み始め
（作り目くさり編み169目）

裏面を続けて
同様に編む

16. おひさまクッション

Photo → 51 ページ

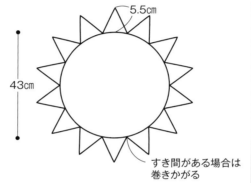

● 材料
ハマナカ ボニー オレンジ（434）379g、黄（432）107g
ハマナカ ネオクリーンわたわた 615g

● 道具
かぎ針 7.5/0 号
とじ針

● ゲージ
細編み 14 目 14 段＝ 10cm

● 編み方
1.
本体を編む。糸はオレンジ（434）で輪の作り
目に細編みを 7 目編み入れ、編み図の通りに
36 段まで編む。
2.
トゲを編む。糸は黄（432）で本体 1 枚めのト
ゲ拾い位置で立ち上がりのくさり 1 目を編ん
でから 16 目拾い、本体 2 枚めからも 16 目拾う
〈図 1〉。そのまま編み図の通りに 8 段編む。
3.
わたを入れながら **2** と同じようにして 1 周 14
個のトゲをつける。

5.5cm

43cm

すき間がある場合は
巻きかがる

〈図 1〉
トゲの拾い方

16目
本体2枚め
16目
本体1枚め
16目 16目 16目 16目

立ち上がり
輪に編む

段数	目数	増減
36	210	増減なし
35	210	＋7
34	203	増減なし
33	203	＋7
32	196	
31	189	増減なし
30	189	＋7
29	182	
28	175	増減なし
27	175	＋7
26	168	
25	161	増減なし
24	161	
23	154	
22	146	
21	139	
20	132	
19	125	
18	118	
17	111	＋7
16	104	
15	97	
14	90	
13	83	
12	76	
11	69	
10	62	
9	55	増減なし
8	55	
7	48	
6	41	
5	34	＋7
4	28	
3	21	
2	14	
1	7	

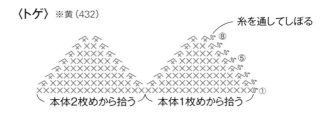

〈トゲ〉 ※黄 (432)

糸を通してしぼる

⑧

⑤

①

本体2枚めから拾う　　本体1枚めから拾う

〈本体〉
※オレンジ (434)

トゲ拾い位置　　編み終わりはチェーンつなぎ

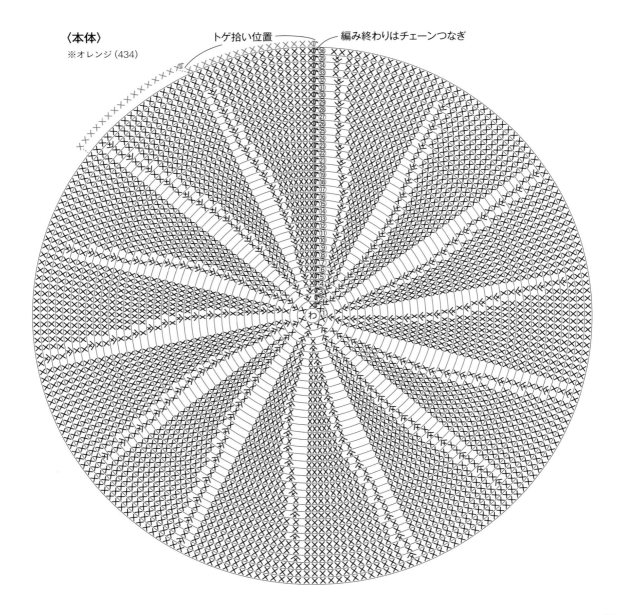

17. 猫柄おざぶ（小）
18. 猫柄おざぶ（大）

猫柄を編みこんだ、
昔ながらのおざぶはいかが？
同じ編み図で目数や
段数を増やすだけでお揃いに。
お好みの色で作ってみてください。

How to make →（小）**64** ページ
How to make →（大）**66** ページ

Design：Riko リボン

19. 猫クッション

猫マットと同じデザインのクッションは
猫好きにはたまらないインテリアアイテム。
小さめなのでサクサク編めます。

How to make → 66 ページ
Design：blanco

20. 猫マット

3本取りで編んだ編み地を
表裏2枚重ねにしているので、
わたを入れなくてもふんわり。
ペットのくつろぎスペースに。

How to make → 68 ページ
Design：blanco

21. 猫ちぐら

元々は稲わらで編む猫ちぐらを毛糸で再現。
内側と外側の2枚を重ねることで
しっかりとした作りになっています。
臆病な猫ちゃんでも安心してくれるはず。

How to make → 70 ページ
Design：ミドリノクマ

この中は
どんな感じかニャ

22. 円形マット

どこか懐かしさがただよう円形マットは
猫ちぐらと同じ編み方で編んで、お揃いに。
糸色を変えて楽しむのも◎。

How to make → 73 ページ
Design：ミドリノクマ

17. 猫柄おざぶ（小）

Photo → 60 ページ

● 材料
ハマナカ ボニー ターコイズブルー（608）250g、黄（491）200g
シートクッション（縦40cm×横40cm×高さ5.5cm）1枚

● 道具
かぎ針 8/0 号
とじ針

● ゲージ
長編み 12.5 目 7 段= 10cm

● 仕上がりサイズ
41.5 × 41.5cm

● 編み方
※65 ページの猫柄おざぶ（小）編み図、右の配置表参照。

1.
本体を編む。糸はターコイズブルー（608）を1
本取りで、編み始めの糸を100cmとって、作り
目のくさり編みを102目編む。1段めは裏山を
拾って長編みを編む。1段め（編み図の黒）を編
み終えたら、編み地を外表で輪にして1目めの
長編みに引き抜き編みを編んで糸を休める。

2.
黄（491）の糸をつけて、編み図の黒の1段めの
向こうの半目にピンクの1段めの細編みを編む。
以降、糸を休めながら、編み図の黒とピンクを
交互に編み進めて、配置表のとおり編んだら編
み終わりの糸は100cm残しておく。

3.
編み始めと編み終わり以外の糸始末をする。編
み地を二つ折りにして、編み地の上下をそれぞ
れ編み始めと編み終わりの糸で、途中でシート
クッションを入れながら全目巻きかがりで合わ
せる。

猫柄おざぶ（小）配置表

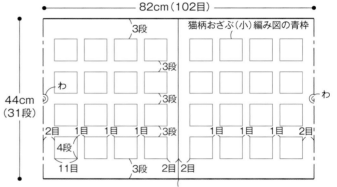

〈猫柄おざぶ（小）編み図〉

・作り目のくさり編みを102目編んだら、裏山を拾って黒の1段めを編み、
　最後は外表で輪にして1目めの長編みに引き抜き編みを編む。
・黒の1段めを編んだら、糸を休めてピンクの1段めを編む。
・ピンクの1段めを編んだら、糸を休めて黒の2段めを編む。以降、糸を休めながら黒とピンクを繰り返し編む。
・ピンクの1段め以降は、太字の編み記号（すじ編みのライン左）は手前の半目を拾って編む。
　細字の編み記号（すじ編みのライン右）は、奥の半目を拾って編む。

※立ち上がりは1目と数えない。

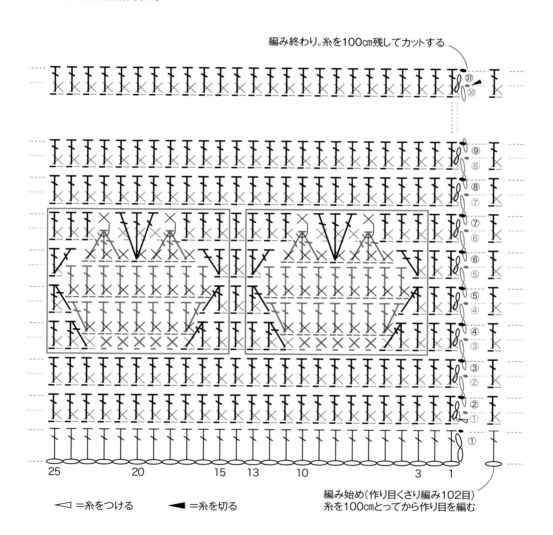

編み終わり。糸を100cm残してカットする

25　　　　20　　　　　15　13　　　10　　　　　　3　　1

◁＝糸をつける　　◀＝糸を切る

編み始め（作り目くさり編み102目）
糸を100cmとってから作り目を編む

65

18. 猫柄おざぶ（大）

Photo → 60 ページ

● 材料
ハマナカ ボニー
ライトグレー（486）500g、白（442）350g
シートクッション
（縦52cm×横55cm×高さ6cm）1枚

● 道具
かぎ針 8/0 号
とじ針

● ゲージ
長編み 12.5目 7段＝10cm

● 編み方
※65ページの猫柄おざぶ（小）編み図、下の配置表参照

1.
本体を編む。糸はライトグレー（486）を1本取りで、編み始めの糸を150cmとっ
て、作り目のくさり編みを134目編む。1段めは裏山を拾って長編みを編む。1段
め（編み図の黒）を編み終えたら、編み地を外表で輪にして1目めの長編みに引き
抜き編みを編んで糸を休める。

2.
白（442）の糸をつけて、編み図の
黒の1段めの向こう半目にピンクの
1段めの細編みを編む。以降、糸を
休めながら、編み図の黒とピンクを
交互に編み進めて、配置表のとおり
編んだら編み終わりの糸は150cm
残しておく。

3.
編み始めと編み終わり以外の糸始末
をする。編み地を二つ折りにして、
編み地の上下をそれぞれ編み始め
と編み終わりの糸で、途中でシート
クッションを入れながら全目巻きか
がりで合わせる。

猫柄おざぶ（大）配置表

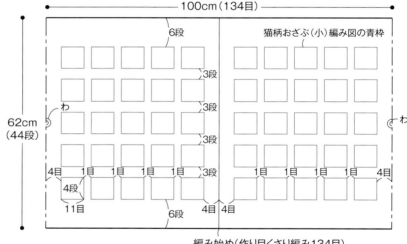

100cm（134目）
6段
猫柄おざぶ（小）編み図の青枠
3段
62cm（44段）
わ
3段
3段
わ
4目 1目 1目 1目 1目 3段 1目 1目 1目 1目 4目
4段
11目 4段 4目 4目
6段
編み始め（作り目くさり編み134目）

19. 猫クッション

Photo → 62 ページ

● 材料
ハマナカ わんぱくデニス
黒（17）140g、白（2）45g
ハマナカ ネオクリーン
わたわた　200g

● 道具
かぎ針 8/0 号
とじ針

● ゲージ
細編み 13.5目 16段＝10cm

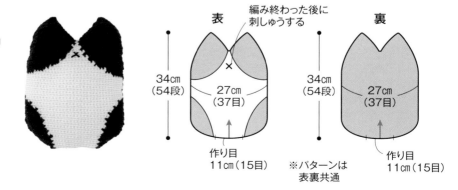

表
編み終わった後に刺しゅうする
×
34cm（54段）
27cm（37目）
作り目
11cm（15目）

裏
34cm（54段）
27cm（37目）
作り目
11cm（15目）
※パターンは表裏共通

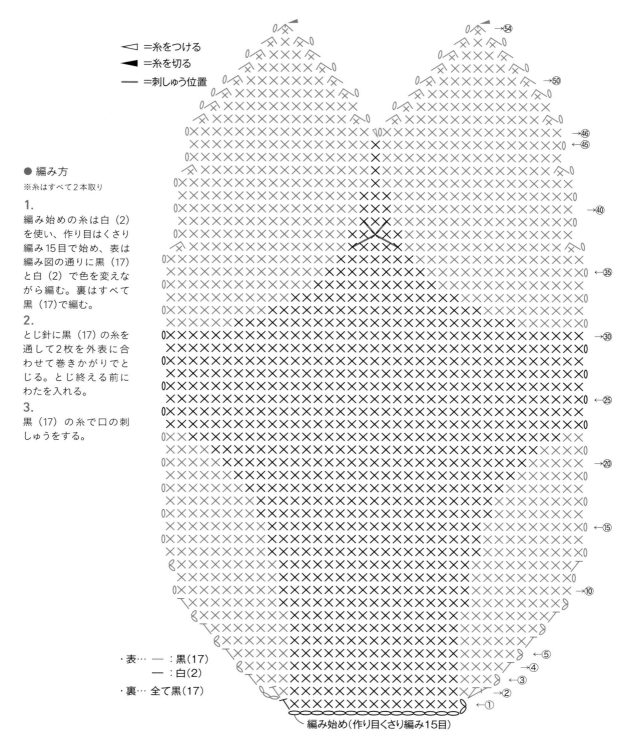

=糸をつける

=糸を切る
—
=刺しゅう位置

● 編み方
※糸はすべて2本取り

1.
編み始めの糸は白（2）
を使い、作り目はくさり
編み15目で始め、表は
編み図の通りに黒（17）
と白（2）で色を変えな
がら編む。裏はすべて
黒（17）で編む。

2.
とじ針に黒（17）の糸を
通して2枚を外表に合
わせて巻きかがりでと
じる。とじ終える前に
わたを入れる。

3.
黒（17）の糸で口の刺
しゅうをする。

・表… — ：黒（17）
　　　　 — ：白（2）
・裏… 全て黒（17）

編み始め（作り目くさり編み15目）

20. 猫マット

Photo → 62 ページ

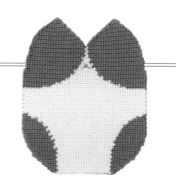

● 材料
ハマナカ わんぱくデニス ベージュ（61）435g、白（2）145g

● 道具
かぎ針 7 mm
とじ針

● ゲージ
細編み 11.5 目 13 段＝ 10cm

● 編み方　※糸はすべて3本取り

1.
編み始めの糸は白（2）を使い、作り目はくさり編み21目で始め、表は編み図の通りにベージュ（61）と白（2）で色を変えながら編む。裏はすべてベージュ（61）で編む。

2.
とじ針にベージュ（61）の糸を通して2枚を外表に合わせて巻きかがりでとじる。

3.
ベージュ（61）の糸で口の刺しゅうをする。

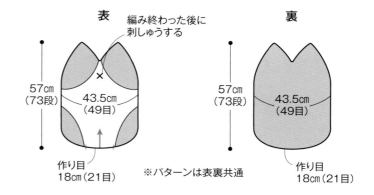

表

編み終わった後に刺しゅうする

×

57cm（73段）

43.5cm（49目）

作り目 18cm（21目）

裏

57cm（73段）

43.5cm（49目）

作り目 18cm（21目）

※パターンは表裏共通

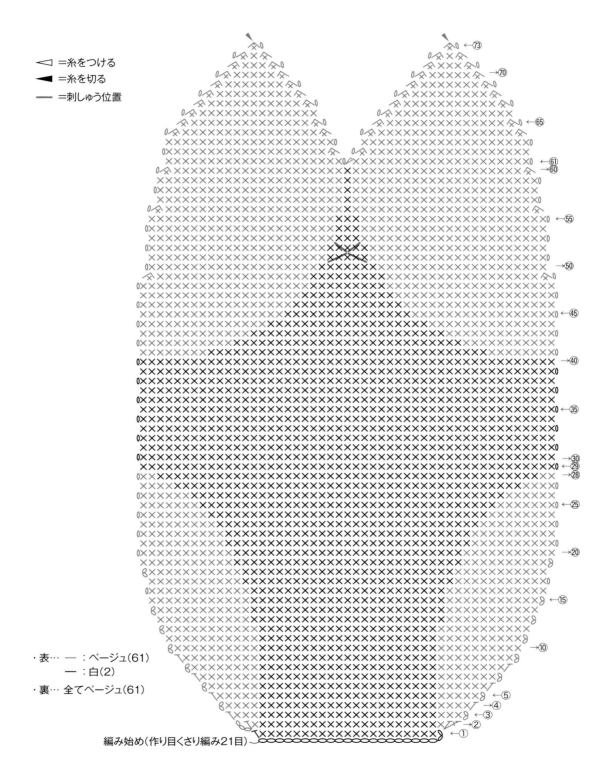

=糸をつける
◀ =糸を切る
— =刺しゅう位置

←73
→70
←65
←61
→60
←55
←50
←45
←40
←35
←30
←29
←28
←25
←20
←15
→10
←5
→4
→3
←2
←1

・表… — ：ベージュ(61)
　　　 — ：白(2)
・裏… 全てベージュ(61)

編み始め(作り目くさり編み21目)

21. 猫ちぐら

Photo → 63 ページ

● 材料
ハマナカ ジャンボニー
ピンク（10）710g、グレー（28）329g、水色（14）174g

● 道具
かぎ針 8mm
とじ針

● 編み方

1.
外側の底を編む。グレー（28）でわの作り目をし、細編み6目を編み入れ、増し目をしながら編み図の通りに18段めまで編む。編み終わりはチェーンつなぎをする。編み終わりの糸は200cm残しておく。

2.
外側の上面を編む。ピンク（10）でわの作り目をし、細編み6目を編み入れる。編み図の通りに段ごとにピンク（10）、水色（14）、グレー（28）と糸を変えながら編む。28段めからは入り口の部分で減らし目をしながら毎段糸を切って編む。

3.
内側の底、上面はグレー（28）で編み図の通りに編む。底の編み終わりはチェーンつなぎをして編み終わりの糸は200cm残しておく。

4.
外側と内側それぞれ、底と上面を合わせて底の編み終わりに残しておいた糸で巻きかがる〈図1〉。

5.
外側の中に内側を入れ、入り口の周りをグレー（28）で〈外側上〉の編み図の通りに2枚重ねて拾いながら編む〈図2〉。

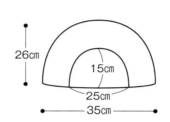

26cm
15cm
25cm
35cm

〈図1〉

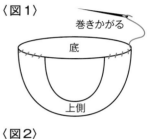

巻きかがる
底
上側

〈図2〉

内側を中に入れて入り口の周りを細編み

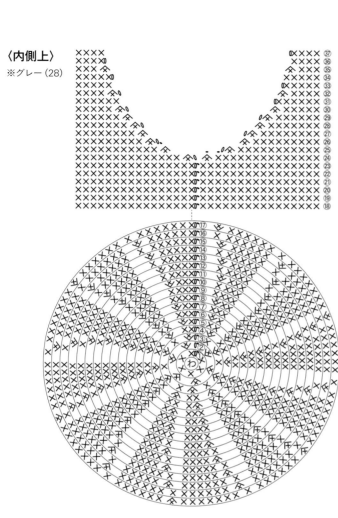

〈内側上〉
※グレー（28）

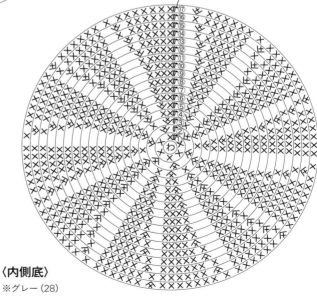

編み終わりはチェーンつなぎ

〈内側底〉
※グレー（28）

（内側上）

段数	目数	増減
37	72	増減なし
36		
35		－2
34	74	増減なし
33		
32		－2
31	76	増減なし
30		
29	78	－2
28	80	
27	82	
26	84	－4
25	88	－6
24	94	－2
23	96	増減なし
22		
21		
20		
19		
18		

段数	目数	増減
17	96	
16	90	
15	84	
14	78	+6
13	72	
12	66	
11	60	
10	54	
9	48	増減なし
8		
7	42	
6	36	
5	30	+6
4	24	
3	18	
2	12	
1	6	✕

（内側底）

段数	目数	増減
17	96	
16	90	
15	84	
14	78	+6
13	72	
12	66	
11	60	
10	54	
9	48	増減なし
8	48	
7	42	
6	36	
5	30	+6
4	24	
3	18	
2	12	
1	6	

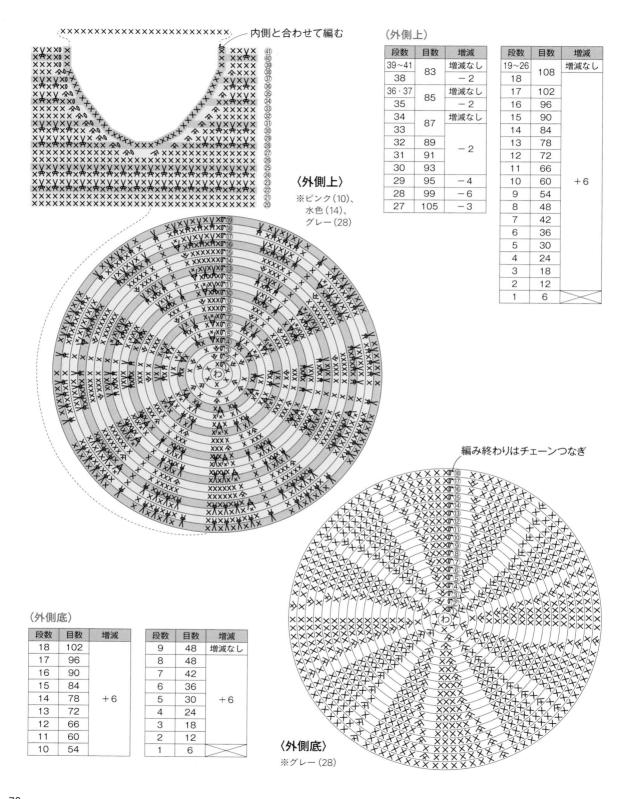

内側と合わせて編む

〈外側上〉
※ピンク（10）、
水色（14）、
グレー（28）

（外側上）

段数	目数	増減
39~41	83	増減なし
38		－2
36・37	85	増減なし
35		－2
34	87	増減なし
33		
32	89	
31	91	－2
30	93	
29	95	－4
28	99	－6
27	105	－3

段数	目数	増減
19~26	108	増減なし
18		
17	102	
16	96	
15	90	
14	84	
13	78	
12	72	
11	66	
10	60	+6
9	54	
8	48	
7	42	
6	36	
5	30	
4	24	
3	18	
2	12	
1	6	✕

編み終わりはチェーンつなぎ

（外側底）

段数	目数	増減
18	102	
17	96	
16	90	
15	84	
14	78	+6
13	72	
12	66	
11	60	
10	54	

段数	目数	増減
9	48	増減なし
8	48	
7	42	
6	36	
5	30	+6
4	24	
3	18	
2	12	
1	6	✕

〈外側底〉
※グレー（28）

22. 円形マット

Photo → 63 ページ

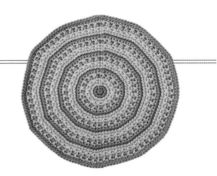

● 材料
ハマナカ ジャンボニー 水色（14）106g、
グレー（28）106g、ピンク（10）115g

● 道具
かぎ針 8mm
とじ針

● サイズ
直径 53cm

● 編み方

1.
ピンク（10）でわの作り目をし、細編み6目を編み入れる。増し目をしながら水色（14）、グレー（28）に色を変えながら編み図の通りに編む。

2.
26段まで編んだら、編み終わりはチェーンつなぎをする。

編み終わりはチェーンつなぎ

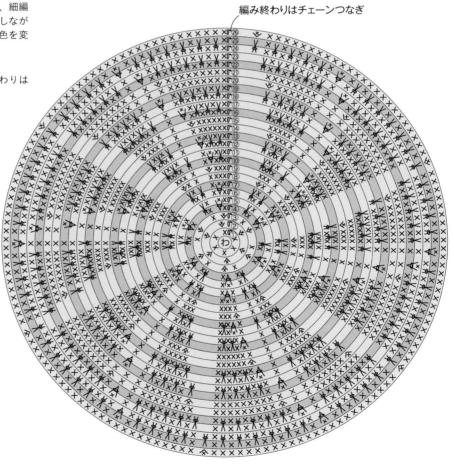

段数	目数	増減
26	156	
25	150	
24	144	
23	138	
22	132	
21	126	
20	120	
19	114	
18	108	
17	102	
16	96	
15	90	
14	84	+6
13	78	
12	72	
11	66	
10	60	
9	54	
8	48	
7	42	
6	36	
5	30	
4	24	
3	18	
2	12	
1	6	

ふっくらさせた花びらがかわいい！
中心部分をフラットにして外側が高くなるようにしているので
ワンちゃん、猫ちゃんが落ち着いて過ごせます。

How to make → 75 ページ
Design：Riko リボン

24. アネモネモチーフのおざぶ

クッションとお揃いの色で編んだアネモネモチーフがかわいい
なつかしい雰囲気のおざぶ。
ひらひらとした花びらがキュートです。

How to make → 77 ページ
Design：Riko リボン

23. アネモネのペットベッド

Photo → 74 ページ

● 材料
ハマナカ ボニー 赤（404）300g、黒（402）200g、白（401）50g
ハマナカ ネオクリーンわたわた 300g

● 道具
かぎ針 8/0 号、10/0 号
とじ針

● ゲージ
細編み（かぎ針 8/0 号）13 目 15 段＝ 10cm

● 編み方

1.
中心を 2 枚編む。糸は黒（402）2 本取り、か
ぎ針 10/0 号を使用し、わの作り目に細編み 6 目
を編み入れる。増し目をしながら編み図の通り
に編み、1 枚めの編み終わりはチェーンつなぎ
をする。全ての糸始末をする。

2.
中心の 2 枚めも同じように編み、編み終えたら
糸を休めて、編み終わり以外の糸始末をする。2
枚めの編み地を手前にして 1 枚めの編み地を外
表に合わせ、休めていた糸を針に戻し、合わせ
たときに内側にあるそれぞれの半目を拾って細
編みで 1 枚めの編み地と合わせる。編み終わり
はチェーンつなぎをする。

3.
白ラインを編む。糸は白（401）1 本取り、かぎ
針 8/0 号を使用し、中心の編み地 2 枚めの 14 段
めの残った手前の半目を拾って編み図の通りに
編む。

4.
花びらを 6 枚編む。糸は赤（404）1 本取り、か
ぎ針 8/0 号を使用し、編み図の通りに編んで中
心編み地に編みつける（詳しい編み方は 76 ペー
ジ）。最後はチェーンつなぎをして、糸始末する
（右の写真参照）。

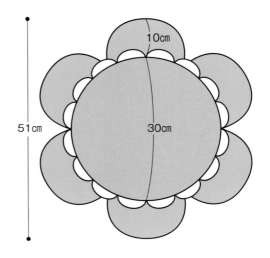

10cm

51cm

30cm

白ライン ※かぎ針 8/0 号 白（401）

編み終わり（チェーンつなぎ）

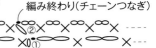

◁ ＝糸をつける
〰 ＝中心編み地 2 枚め、14 段めの残った手前の半目

〈花びらの糸始末〉
16 段めの最後の目と隣の花びらの最終段 1 目めをチェーンつ
なぎをしてから糸始末をする。

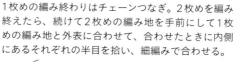

1枚めの編み終わりはチェーンつなぎ。2枚めを編み終えたら、続けて2枚めの編み地を手前にして1枚めの編み地と外表に合わせて、合わせたときに内側にあるそれぞれの半目を拾い、細編みで合わせる。

〈中心〉…2枚
※かぎ針10/0号 黒(402)の2本取り

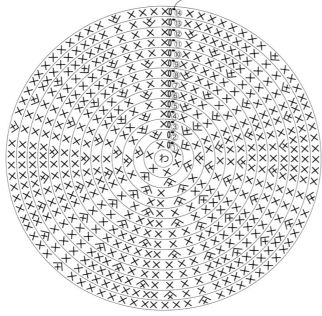

（中心）

段数	目数	増減
14	84	
13	78	
12	72	
11	66	
10	60	
9	54	
8	48	＋6
7	42	
6	36	
5	30	
4	24	
3	18	
2	12	
1	6	✕

（花びら）

段数	目数	増減
16	28	増減なし
15	28	－28
14	56	－4
13	60	
12		
11		
10		
9	64	増減なし
8		
7		
6		
5	64	
4	60	＋4
3	56	
2	52	
1	48	✕

※かぎ針8/0号 赤(404)

①編み図の通り、14段めまで編む。糸を休めて編み終わり以外の糸始末をする。
②15段めは、編み地を二つ折りにして向かい合う目を細編みで合わせる。途中でわたを50g入れる。
③16段めは、花びらの編み地を手前にして中心編み地と中表で合わせ、花びらの15段めと中心編み地1枚めの残っている半目を拾い、細編みで合わせる。このとき、中心編み地1目に対して花びら編み地は2目編み入れる（右の写真参照）。同様に計6枚の花びらを中心編み地に編みつけ、最後に糸始末をする（75ページの〈花びらの糸始末〉参照）。

◀ ＝糸を切る
〓〓 ＝中心編み地1枚めの残った半目

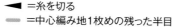

編み始め
(作り目くさり編み22目)

24. アネモネモチーフのおざぶ

Photo → 74 ページ

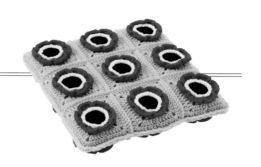

● 材料
ハマナカ ボニー ベージュ（614）250g、赤（404）150g、
黒（402）100g、白（401）50g、黄（432）50g
シートクッション（縦40cm×横40cm×高さ5.5cm）　1枚

● 道具
かぎ針 8/0 号
とじ針

● ゲージ
長編み 12.5 目 7 段＝ 10cm

● 編み方　※糸はすべて1本取り

1.
中心を編む。糸は黒（402）を1本取りで、わの
作り目に細編みを6目編み入れ、編み図の通り
に4段めまで編んだら引き抜いて糸を切る。

2.
白ラインを編む。糸は白（401）を1本取りで編
み図の通りに1段編む（編み図の5段め）。

3.
外枠を編む。糸はベージュ（614）を1本取りで
つけ、中心4段めの向こうの半目を拾って1段め
を編み、3段めまで編み図の通りに編む。

4.
花びらを編む。糸は赤（404）を1本取りで、中
心4段めの手前の半目を拾い、編み図の通りに2
段めまで編む。

5.
1〜4と同様にモチーフを計18枚編み、糸始末
をする。

6.
モチーフ9枚をつなげる。糸は黄（432）を1本
取りで、モチーフを外表に合わせ、合わせたと
きに内側にあるそれぞれの半目を拾い、細編み
で合わせて糸始末をする（外枠3段めの立ち上
がり部分は、チェーンつなぎした目の半目を拾
う）。つなぎ方の図の順番につなげ、同じものを
2枚作る。

7.
縁編みで6の2枚を合わせる。糸は黄（432）を
1本取りで、6の2枚を外表に合わせ、縁編みの
編み図の通りに編む。1段めの2周め（ピンクの
編み記号）を編むときは、1周め（黒の編み記号）
の編み地を後ろに倒して編む（途中でシートクッ
ションを入れる）。

〈つなぎ方〉①〜④の順番でつなぐ

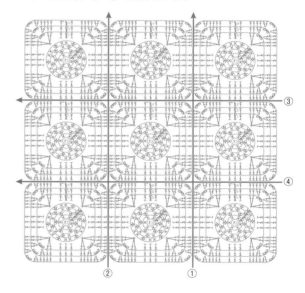

〈中心・白ライン〉

※中心は黒 (402)、白ラインは白 (401)

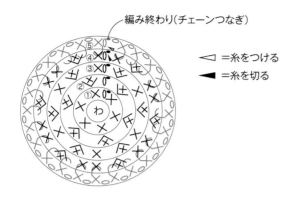

編み終わり（チェーンつなぎ）

◁ =糸をつける

◀ =糸を切る

段数	目数	増減	色
5	48	+24	401
4	24		402
3	18	+6	
2	12		
1	6	✕	

〈外枠〉

※ベージュ (614)

中心4段めの向こうの半目を
拾って1段めを編み、編み図の
通りに3段めまで編む。

◁ =糸をつける

編み終わり（チェーンつなぎ）

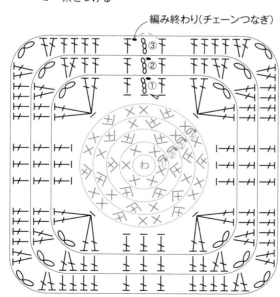

〈縁編み〉　6の2枚を外表に合わせて、縁編みで合わせる。

※黄（432）
① 1段め・1周め（編み図の黒）を編み図の通り編む。モチーフ外枠の立ち上がり部分はチェーンつなぎの目を拾って編む（途中でシートクッションを入れる）。
② 1段め・1周めの最後の引き抜き編みを編んだら編み地を返し、青丸の細編みから1段め・2周め（編み図のピンク）を編む。モチーフ外枠の立ち上がり部分は、チェーンつなぎの目を拾って編む。1段め・2周めを編むときは1段め・1周めを向こう側に倒して編む（下の写真参照）。

◁ ＝糸をつける

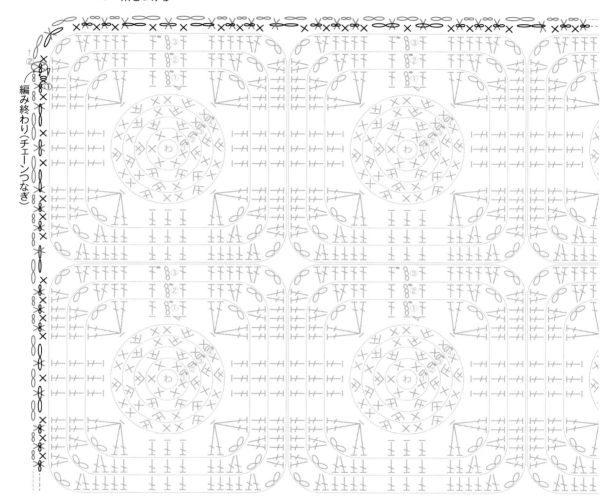

編み終わり（チェーンつなぎ）

〈花びら〉　中心4段めに編むときは、手前の半目を拾って編む。

※赤（404）　中心4段めに編む2段めの引き抜き編みは、1段めを向こう側に倒して編む。

◁ ＝糸をつける

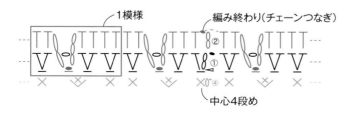

1模様

編み終わり（チェーンつなぎ）

中心4段め

1段め・2周め

● 作品制作
andeBoo
blanco
Miya
Riko リボン
高際有希
ミドリノクマ

● Staff
編集　　　　　　田口香代
ブックデザイン　鈴木悦子（POOL GRAFHICS）
撮影　　　　　　齊藤美春
　　　　　　　　天野憲仁（日本文芸社）
トレース・作図　森崎達也（WADE）
校正　　　　　　ミドリノクマ
Special Thanks　ナギ
　　　　　　　　Islay〈アイラ〉＆江上玲子
モデル　　　　　やえ
撮影協力　　　　エムドッグス

● 素材提供
ハマナカ株式会社
コーポレートサイト hamanaka.co.jp
TEL：075-463-5151（代）
FAX：075-463-5159
MAIL：info@hamanaka.co.jp
http://www.hamanaka.co.jp

お揃いで作りたい
猫おざぶ 犬おざぶ

2024年2月1日　第1刷発行

編　者　　　　　日本文芸社
発行者　　　　　吉田芳史
印刷・製本所　　株式会社 光邦
発行所　　　　　株式会社 日本文芸社
　　　　　　　　〒100-0003　東京都千代田区一ツ橋1-1-1 パレスサイドビル8F
　　　　　　　　TEL 03-5224-6460（代表）

Printed in Japan　112240122-112240122 Ⓝ01（201120）
ISBN978-4-537-22180-0
URL https://www.nihonbungeisha.co.jp/
©NIHONBUNGEISHA 2024
（編集担当　牧野）

かぎ針編みの編み記号と編み方

くさり編み

かぎ針に糸を巻きつけ、糸をかけて引き抜く。
その後は糸をかけて引き抜くのを繰り返す。

引き抜き編み

前段の目にかぎ針を入れ、糸をかけて引き抜く。

細編み

前段の目にかぎ針を入れ、糸をかけて引き出し、再度糸をかけて2つのループを引き抜く。

中長編み

かぎ針に糸をかけてから前段の目に針を入れ、糸をかけて引き出し、再度糸をかけて3つのループを引き抜く。

長編み

かぎ針に糸をかけてから前段の目に針を入れ、糸をかけて引き出し、さらに糸をかけて2つのループを引き抜くのを2回繰り返す。

すじ編み（うね編み）

前段の目の半目にかぎ針を入れ、細編みを編む。

中長編みのすじ編み・長編みのすじ編み

それぞれ、前段の目の半目にかぎ針を入れて中長編みまたは長編みを編む。

バック細編み

編み地を裏返さずに立ち上がりのくさり1目を編み、針を回して前段の目を拾って細編みを編む。右方向に編んでいく。

細編みの表引き上げ編み

記号の下部がかかっている段の目の足全体をすくうように手前側からかぎ針を入れ、細編みを編む。

細編みの裏引き上げ編み

記号の下部がかかっている段の目の足全体をすくうように向こう側からかぎ針を入れ、細編みを編む。